골프 라운드 전에 꼭 읽어야 할 책

GOLF DE ROUND SURU MAE NI KANARAZU YOMU HON _ID GOLG NO SANKOSHO
©Daichi Sugawara 2021
First published in Japan in 2021 by KADOKAWA CORPORATION, Tokyo.
Korean Translation Copyright © 2022 by CYPRESS

Korean translation rights arranged with KADOKAWA CORPORATION,
Tokyo through The English Agency (Japan) Ltd., Tokyo and Duran Kim Agency, Seoul.

골프 라운드 전에 꼭 읽어야 할 책

최소 10타
줄여주는
실전 솔루션

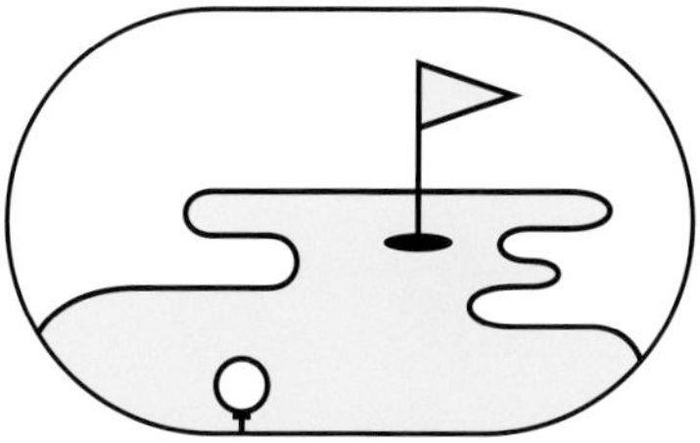

스가와라 다이치 지음 | 신희라 옮김

CYPRESS
싸이프레스

introduction

들어가며

매년 봄과 여름에 걸쳐 열리는 '티칭 프로 선수권' 예선에 참가하고 있습니다. 예선을 통과하기 위해서는 75~76타 이하의 스코어가 필요한데, 아무 생각 없이 플레이하다 보면 제 경우에도 쉽게 오버타를 기록하고 맙니다. 하지만 시합에 임할 때는 다릅니다. 코스를 어떻게 공략할지 고민하며 플레이하면 아무리 못해도 75~76타 선에서 마무리할 수 있습니다. 실제로 저는 8년 연속 예선을 통과했습니다. 2021년에는 예선 1위로 2차 예선에 진출하기도 했습니다.

이는 무엇을 의미할까요? '골프에서 매번 100퍼센트 성공하는 방법은 없다'는 뜻이라고 생각합니다. 누구나 반드시 실패를 경험하는 게 골프입니다. 좋은 스코어를 꾸준히 내기란 결코 쉽지 않습니다. 반면 스코어를 조금씩 줄여가는 일은 누구나 가능합니다. 코스 정보를 머릿속에 넣고, 성공률을 높이는 선택, 실수를 줄이는 선택을 해나가다 보면 스코어를 크게 잃을 위험을 피하는 동시에 타수를 줄일 수 있습니다.

골프에서 스윙 기술은 당연히 중요합니다. 하지만 코스를 공략하기 위해서는 그 이상이 필요합니다. 바로 '생각하는 기술'입니다.

이 책의 파트 1에서는 상황별 라운드 전략을 설명합니다. 유일하게 스스로 볼을 세팅해 스윙하는 티잉 그라운드에서 반드시 해야 할 일부터 기본적인 사고 방법, 수많은 상황이 발생하는 세컨드 지점에서 주의할 점, 그린 주변에서의 어프로치, 핀에 붙이는 방법, 그린 위에서 고려해야 할 점까지 사진과 함께 알려 드립니다.

파트 2에서는 실제 코스에서 일어나기 쉬운 상황을 가정해 문제로 제시합니다. 본격적으로 '생각하는 기술'을 키우는 부분입니다. 코스에 나서면 정보를 수집하고 적절한 전략을 세우는 것이 관건입니다. 그에 따른 클럽 선택법은 물론, 핀을 바로 노릴 수 있는 위치에 있는지 아닌지 판단하는 것과 같은 위기관리 능력이 무척이나 중요해집니다. 이때 '생각하는 기술'이란 점수를 크게 잃지 않게 하는 일종의 방어 시스템이 됩니다.

문제에 대한 해답은 초보자용과 중상급자용으로 나누어 준비했습니다. 저마다의 역량이나 그날의 컨디션에 따라 생각하는 방식이 달라지기 때문입니다. 어떤 목적을 가지고 라운드를 하고 있는지 계속 떠올리며 '생각하는 골프' 실력을 갈고닦아 보시기 바랍니다.

골프장에서 꼭 알아 두어야 할 매너는 파트 3에 상세하게 실었습니다. 복장이나 시간부터 티 샷 할 때의 매너, 그린 위에서 지켜야 할 매너는 물론 다른 골퍼를 위해 필요한 배려까지 담았습니다. 예를 들면 마주치는 사람에게 인사하기, 연습장 바구니 정리하기와 같은 것들입니다. 조금만 신경 쓰면 모두가 기분 좋게 플레이할 수 있습니다.

이 책을 통해 골프 기술과 실전 골프에 맞는 사고방식을 연마할 수 있게 되길 바랍니다. 나아가 라운드를 더욱더 즐기게 되었으면 좋겠습니다.

스가와라 다이치

BLVD. DE COURCELLES
AVE. DE FRIEDLAND
AV. CHAMPS-ELYSÉES
QUAI D'ORSAY
QUAI VOLTAIRE
BRANLY

CONTENTS

SCENE 02 세컨드 샷·서드 샷

SCENE 03 벙커 샷

SCENE 04 어프로치 샷

PART 3 꼭 알아야 할 골프 매너

골프에서
코스를 공략하여
좋은 스코어를 낸다는 것은

'18홀'이라는 스토리를
어떻게 써 내려가는가.

여기에 달려있다.

PART 1

샷 상황별 설명!
라운드 기초 전략

티 샷을 치는 티잉 그라운드, 세컨드 샷·서드 샷을 치는 구역, 그린 주변, 퍼팅 그린은 매 홀 마주하게 된다. 각 상황(지점)에서 고려해야 할 포인트, 꼭 해야 할 행동은 저마다 다르다. 이 파트에서는 한 홀을 상황별로 나누어 지점마다 고려해야 할 부분이나 필요한 스윙법 등을 설명한다.

SCENE 01

티 샷

Tee shot

티잉 그라운드에서 '왼쪽으로 가면 위험해', 'OB 날까 봐 걱정돼'와 같은 불안감 없이 티 샷을 치고 싶다면 수많은 정보를 수집해 스스로 전략을 세울 줄 알아야 한다. 어떤 정보를 바탕으로 어떻게 쳐야 할까? 확실하게 알아보자.

티잉 그라운드에서 잊으면 안 될 6가지

티 샷 전에 어떤 생각이 드는가? '실수하면 어쩌지?'라는 생각을 하지는 않나? '샷이 제대로 안 나가지 않을까' 하는 걱정으로 머릿속이 가득 차는 이도 있을 것이다. 이처럼 티잉 그라운드에서 쓸데없는 생각을 하는 건 가장 안 좋은 습관인데, 이유는 단순하다. 공을 치기 전 전략을 제대로 세우지 않았기 때문이다.

망설임이나 불안감을 없애려면 티잉 그라운드에서부터 코스 정보를 수집하고 전략을 세워야만 한다. 이 홀은 어떻게 공략하면 좋을지, 절대 해서는 안 되는 플레이는 무엇인지 고민하는 것이 먼저다. 코스가 말을 걸어오지는 않지만, 코스를 바라보고 있으면 어떻게 해야 할지 보이기 시작할 것이다. 그럼 자신의 수준에 맞춰 공을 보내야 하는 지점과 그 지점까지의 거리를 파악하고 그 홀의 목표 스코어를 정해야 한다.

프로 골퍼라 하더라도 티 샷을 100퍼센트 성공시킬 방법은 따로 없다. 누구든 1퍼센트라도 성공률을 높이기 위해서는 미리 코스 정보를 파악하고 정리해 '저 지점까지 보내려면 이런 식으로 쳐야지' 하고 전략을 수립해야 한다. 그런 다음엔 전략에 맞춰 클럽을 스윙하는 일만 남는다.

이제 본격적으로 반드시 파악해야 하는 사항들, 정보를 수집하는 방법, 티 샷 직전의 셋업 방법까지 상세히 살펴보자.

실전 고수의 비밀 노트

공을 목표 지점에 완벽하게 보내기는 힘들다. '러프라도 OK', '공이 뜨지 않아도 괜찮아'와 같이 '허용 가능한 실수'를 생각하고 편하게 치자.

코스 정보 완벽 수집

○ 코스 레이아웃 파악

우선 코스 전체 구조 파악부터 시작이다. 파4(미들 홀)인지, 파3(숏 홀)인지뿐만 아니라 좌우로 휘어진 홀('도그렉 홀'이라고 한다)은 아닌지, 핀은 그린 어디에 있는지 등 홀의 전반적인 정보를 모아야 한다. 이때 중요한 사항은 거리를 나눠 생각해야 한다는 점이다. 예를 들어 오른쪽 그림과 같은 홀에서 워터 해저드 너머까지 공을 보내려면 티 샷은 긴 클럽으로 쳐야 한다. 드라이버로 칠지 3번 우드로 칠지는 세컨드 샷의 목표 거리를 얼마로 잡는가에 따라 달라진다. 이와 같이 핀까지의 거리를 나누어 한 타 한 타 공을 쳐 나가며 그린까지 이어지는 하나의 스토리를 구상해 보자.

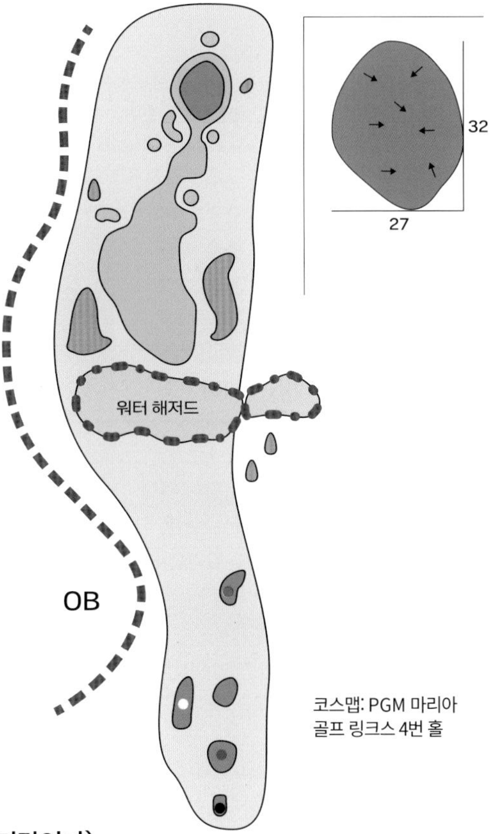

코스맵: PGM 마리아 골프 링크스 4번 홀

○ 코스에서의 고도 차이(오르막인가 내리막인가)

티잉 그라운드부터 그린에 가까워질수록 고도가 높아지는 오르막 홀이 있는가 하면 반대로 낮아지는 내리막 홀도 있다. 평탄한 홀과 비교하면 차이가 크다. 티 샷의 비거리가 달라질 뿐 아니라 티잉 그라운드에서 보이는 풍경도 크게 바뀐다. 이러한 변화는 티 샷에도 영향을 미치기 때문에 코스 내 고도 차이를 사전에 파악해 각 홀에서 어떻게 스윙할지 고민해 보자(24페이지에서 자세히 설명).

○ 해저드나 페널티 구역, OB의 '위치'와 '거리'

해저드는 벙커와 같은 장해 지역을, 페널티 구역은 연못 등 공을 칠 수 없는 구역을 가리킨다. 위 코스맵을 기준으로 보면, 홀의 좌측에는 세로로 OB(Out of Bounds, 코스의 경계를 넘어선 장소-역주) 구역이 있고, 중간 지점에 워터 해저드가 있다. OB나 워터 해저드에 공이 들어가면 벌점이 부과되어 스코어에 바로 영향을 미친다. 워터 해저드를 넘기려면 몇 미터 이상을 쳐야 하는지, OB가 되지 않으려면 어느 방향으로 쳐야 하는지와 같은 정보는 필히 알아둬야 한다.

바람의 방향과 세기 확인

바람의 방향과 세기를 감으로 판단하는 사람도 많을 것이다. 물론 바람이 강하면 어느 정도 판단이 가능하다. 하지만 미세한 바람까지 체감에 의존하면 공이 좌우로 크게 휘어지는 등 예상치 못한 결과가 나타나기도 한다.

풍향은 티잉 그라운드에서 잔디를 조금 뽑아 머리 높이에서 뿌려보면 확인할 수 있다. 단, 티잉 그라운드와 홀 앞쪽의 바람 방향이 다를 수도 있는 만큼, 경기를 진행하면서 나뭇가지가 어떻게 흔들리는지도 체크하자.

쳐야 할 방향 확인

코스 구조를 파악한 뒤, 실제로 티잉 그라운드에 서서 코스를 바라보자. 티잉 그라운드가 향하는 방향과 샷을 쳤을 때 공이 날아가기 쉬운 방향을 확인해야 한다. 오른쪽 사진을 예로 들면, 오른쪽은 나무와 벙커가 있어 위험하지만 왼쪽은 중간부터 페어웨이가 넓어진다. 그러므로 티 샷은 왼쪽으로 보내는 것이 좋다고 할 수 있다.

티잉 그라운드의 경사 확인

티잉 그라운드가 향하는 방향과 공을 보낼 위치를 확인하는 것과 함께 티잉 그라운드의 경사 역시 놓쳐서는 안 된다.

티잉 그라운드는 평평할 때도 있지만 좌우로 경사가 있는 경우도 많다(오른쪽 사진에서는 중간부터 왼쪽으로 내리막이다). 이를 의식하지 않으면 어드레스 할 때 자신도 모르는 사이 발가락에 힘이 들어가거나 반대로 뒤꿈치에 체중이 실리면서 몸의 균형이 깨진 채 스윙하게 된다.

티잉 그라운드에서는 항상 뒤쪽에 서서 홀을 바라보며 경사를 확인하고 반드시 평탄한 곳에서 티 샷을 할 수 있도록 신경 쓰자.

매 홀마다 목표 스코어 정하기

'항상 파', '무조건 보기'와 같이 언제 어디서나 특정한 스코어를 목표로 하면 매번 동일한 방법으로만 플레이하게 된다. 이 경우, 운에 맡기는 영역이 커지면서 실수했을 때 전략을 수정할 수 없게 되고 결국 스코어를 크게 잃는다. '백돌이' 탈출이 목표일 때는 첫 홀에서 보기를 기록하면 잘 쳤다고 볼 수 있고, 더블 보기라도 괜찮다. '트리플 보기만은 피하자!'라는 게 목표라면 또 다르게 보이기 시작할 것이다. 이전 홀의 스코어에 따라 목표 스코어를 수정한다든지, 티 샷에서 실수했다면 세컨드 샷의 전략을 바꾼다든지 상황에 맞춰 목표를 유연하게 조정하는 과정이 필수다.

티 샷 전의 셋업 루틴

내가 원하는 위치로 공을 보내기 위해서는 셋업이 중요하다. 자세를 잡으면서 어디를 노릴지 다시 확인하는 동시에 클럽 페이스의 방향이나 그립을 조정해야 한다. 이 단계는 샷을 치기 전의 루틴이자 샷을 치기까지의 리듬을 만드는 것이기도 하다. 연습장에서는 단순히 매트에 평행하게 서서 연습하는 경우가 대부분인데, 스스로 목표 지점을 정하지 않으면 연습장에 서 있는 것이나 마찬가지다. 연습할 때부터 셋업 자세를 잡는 습관을 들이자.

▲ 티잉 그라운드 뒤편에서 공을 보낼 방향을 정한다.

▲ 클럽 헤드를 공 뒤쪽에 두면서 방향을 재확인한다.

▲ 클럽 페이스 면을 고정한 채 그립을 잡는다.

▲ 발 위치와 자세를 조정하면서 목표 지점을 다시 체크한다.

▲ 목표 지점을 확인했다면 어드레스 완료. 이제 샷을 날릴 차례다.

원 포인트 어드바이스 어드레스 철칙

페이스를 맞추는 데 완전히 집중하자!

셋업에서 가장 중요한 단계가 왼쪽 페이지의 연속 사진 중 2번에 해당하는 '클럽 페이스의 방향'을 잡는 일이다. 클럽 페이스에 공이 맞는 순간, 공이 날아가는 방향이 정해지는 만큼 셋업 시 클럽 페이스를 맞추는 데 최대한 집중해야 한다.

어드레스 할 때는 먼저 목표 지점을 향해 클럽 페이스가 정확하게 향하도록 하여 볼 뒤에 놓는다. 클럽을 놓은 위치에 맞춰 양발의 스탠스를 잡으면 자연스레 공을 보내고 싶은 방향에 맞는 자세를 취할 수 있다.

몸의 방향을 바꿀 때는 특히 주의하자!

몸의 방향을 바꿀 때는 공과의 관계성에 주의하자. 중심에 놓인 공과 양발을 선으로 이으면 삼각형이 만들어지는데, 몸의 방향을 조정하더라도 이 삼각형의 형태는 흐트러지면 안 된다. 여기에서는 왼쪽으로 공을 보낸다고 가정하여 설명해 보겠다.

▲ 공을 중심으로 원을 그리듯이 움직여 왼쪽을 향한다.

▲ 공과 양발에 의해 이루어지는 삼각형

▲ 같은 위치에서 양발의 방향만 왼쪽으로 바꾸면 삼각형이 무너진다.

마스터 필수! 하프 스윙

널찍한 페어웨이가 있는 홀을 마주하면 어떤 마음이 드는가? '여기에서는 마음껏 날려보자!'는 생각이 들지는 않는가? 주의하자. 본능에 사로잡혀서는 안 된다. 욕구와 욕망을 억누르며 해당 홀에 임하는 자세가 매우 중요하다. '페어웨이는 넓지만 공이 너무 휘어지면 OB 가능성도 있다', '첫 티 샷이

하프 스윙 연습

풀 스윙할 때는 어깨보다 높은 위치까지 클럽을 치켜들지만 하프 스윙할 때는 클럽 헤드가 허리 높이까지만 오도록 백스윙한다. 그러나 오른쪽 사진에서 볼 수 있듯이 백스윙 자세를 잡다 보면 실제로는 클럽 헤드가 허리 높이에서 멈추지 않고 자연스럽게 약간 더 올라간다.

스윙 아크가 작아졌다고 해서 무조건 공이 쉽게 맞지는 않는다. 하프 스윙이 필요할 때 제대로 활용할 수 있도록 평소에 풀 스윙과 하프 스윙을 모두 연습해두자.

니까 약간 힘을 빼고 쳐보자'와 같은 마인드 컨트롤이 필요하다. 실제로 컨트롤을 하기 위한 기술도 필요하다. 가볍게 치려고 해도 그 방법을 모르면 풀 스윙할 수밖에 없기 때문이다. 평소 연습할 때부터 힘을 빼고 치는 '하프 스윙'에 익숙해지도록 하자.

‘오르막’과 ‘내리막’

홀의 경사에 따라 비거리는 달라진다. 예를 들어 오르막 홀에서는 평소보다 비거리가 덜 나오고 반대로 내리막 홀에서는 경사 덕분에 런(볼이 구르는 현상)이 생겨 비거리가 늘어난다. 하지만 비거리보다도 ‘시야’의 차이로 생기는 영향이 더 크다는 사실을 기억해야 한다.

오르막 홀에서는 페어웨이를 올려다보게 되고 내리막 홀에서는 내려다보게 된다. 바라보는 시선이 달라지면 머리로는 평소와 똑같이 어드레스 했다고 생각하더라도 자신도 모르는 사이에 자세가 무너져 샷에 악영향을 줄 가능성이 있다. 상황에 따라 달라지는 풍경에 흔들리지 않고 자세를 잡을 수 있도록 오르막 홀과 내리막 홀에 대비하도록 하자.

오르막 홀

▲ 그린으로 갈수록 오르막인 홀

내리막 홀

▲ 그린으로 갈수록 내리막인 홀

오르막 홀에서 생기는 실수와 대처법

오르막 홀에서 어드레스 할 때는 평소보다 시선이 위로 향하기 쉽다. 그러면 몸 오른쪽으로 기울어지는데, 그대로 스윙하면 공의 탄도가 급격하게 뜨면서 비거리가 짧아질 수 있다. 최악의 경우에는 공 머리 쪽에 맞는 '탑핑' 혹은 공 뒤쪽의 지면에 클럽이 먼저 맞는 '뒤땅' 등 큰 실수로 이어진다. 너무 위를 보지 말고 평소처럼 타깃을 바라보도록 신경 쓰자.

내리막 홀에서 생기는 실수와 대처법

내리막 홀에서는 평소보다 시선이 아래로 내려가지 않도록 주의해야 한다. 시선이 지나치게 아래를 향하면 몸이 왼쪽으로 기운 채 공을 엎어 치게 되어 왼쪽으로 크게 휘어지거나, 헤드 위쪽에 맞으면서 공이 너무 위로 떠 비거리가 짧아질 가능성(일명 '뽕 샷'이라 한다)이 커진다. 그러니 지면에 시선을 두지 말고 높은 곳을 목표 지점으로 설정해 보자.

SCENE 02

세컨드 샷·서드 샷

Second and Third shot

이제부터는 원하는 대로 공을 세팅하거나 치는 위치를 바꿀 수 없다. 즉, 공이 놓인 여건에 맞춰 대응해야만 한다. 이번 챕터에서는 볼이 놓인 라이(상황)를 이해하는 방법과 그에 맞는 스윙법을 알아보자.

라이에 따른 대처법

볼의 '라이(Lie)'란 볼이 놓인 상황을 말한다. 잔디 위에 뜨거나 잠긴 정도, 혹은 긴 러프(잔디) 속에 있거나 맨땅 위에 있는 경우와 같이 공이 놓인 조건을 '라이'라고 한다. 세컨드 샷부터 어프로치까지는 티에 공을 올릴 수 없으며, 어떤 라이냐에 따라 스윙을 달리할 필요가 있다. 라이를 제대로 읽지 못하면 생각지도 못한 실수로 이어질 수 있는 만큼, 여기에서 대표적인 라이와 그 대처법을 숙지하도록 하자.

여러 가지 라이

라이의 종류는 다양하다. 페어웨이에 공이 있다고 해서 다 똑같은 라이라고 할 수 없다. 자주 만나게 될 기본적인 라이를 살펴본 뒤, 30페이지부터 소개하는 스윙법을 익혀 각 상황에 대처해 보자.

▲ 페어웨이 잔디 위에 공이 떠 있는 상태로 가장 치기 좋은 라이

▲ 페어웨이 잔디 위에 있지만 살짝 가라앉은 상태로 나쁘지 않은 라이

▲ 페어웨이에 있지만 많이 잠겨있어 공 위에서부터 들어가는 가파른 스윙이 필요한 라이

▲ 잔디가 디보트(날아간 자리)에 놓인 상태로 맨땅에 있는 공을 치는 것이나 마찬가지인 라이

▲ 잔디가 긴 러프에 엉겨 붙어 있어 클럽을 휘두르기 힘든 라이

발밑 경사

볼이 잠긴 정도와 함께 코스의 경사 역시 스윙에 큰 영향을 준다. 여기에서는 대표적인 두 가지 상황을 소개한다.

○ 왼발 경사가 높은 경우

▲ 오른발보다 왼발이 높은 위치에 있다. 오른발에 체중을 더 실은 채 스윙하게 된다.

○ 오른발 경사가 높은 경우

▲ 왼발보다 오른발이 높은 위치에 있다. 왼발에 체중을 더 실은 채 공을 치게 된다.

실전 고수의 비밀 노트

세컨드(서드) 샷에서 라이 확인은 필수!
라이를 읽으면 공이 어디로 가기 쉬운지 알 수 있다.
이에 맞춰 스윙하면 성공 확률은 자연스럽게 높아진다!

세 가지 스윙법

어떤 라이에서도 공을 칠 수 있도록 세 가지 스윙법을 기억해두자. 어퍼 블로 스윙은 살짝 떠 있는 공을 칠 때 활용하는 스윙으로 클럽 헤드가 볼의 아래쪽으로 들어가 위로 움직인다. 사이드 블로 스윙은 헤드가 거의 수평으로 움직이는 스윙이다. 다운 블로 스윙은 약간 위에서 볼을 찍듯이 치는 방법으로 세 가지 방법을 모두 익혀두면 어떤 라이에서도 대처할 수 있다.

어퍼 블로 스윙

사이드 블로 스윙

다운 블로 스윙

원 포인트 어드바이스 페어웨이에 있더라도 라이를 읽어 맞춤형 스윙을!

▲ 어퍼 블로 스윙으로 칠 수 있는 뜬 라이

▲ 사이드 블로 스윙 혹은 다운 블로 스윙으로 치면 좋은 일반 라이

▲ 많이 가라앉아 있어 다운 블로 스윙으로 치면 좋은 라이

디보트에 빠졌을 때

잔디가 뽑히면서 움푹 팬 자국을 '디보트(Divot)'라고 한다. 맨땅 위에서 치는 것과 마찬가지인 상황으로 평소처럼 공을 치기란 쉽지 않다.

이때는 무리해서 공을 위로 쳐올리려고 하지 말자. 우선 공을 제대로 맞춰 탈출하는 것이 최선이다. 스윙에 변화를 주거나 그 홀의 목표 스코어를 낮추는 등의 대처도 필요하다.

▲ 왼발에 체중을 실어 백스윙 한다.

▲ 마지막까지 왼발에 무게중심을 둔 채 스윙 한다.

▲ 볼을 위에서부터 눌러 치듯이 스윙 한다.

▲ 공이 낮게 뜨기만해도 성공이다.

러프 대응법

러프에서는 빈 스윙이 중요하다. 빈 스윙을 했을 때 잔디의 저항 때문에 클럽 스피드가 떨어지거나 클럽 페이스가 돌아가면 더 짧은 아이언으로 바꾸자. 짧은 아이언으로 치면 거리가 짧아진다고 생각하기 쉽지만, 길이가 짧아진 만큼 팔로 스루가 좋아지면서 결과적으로 플라이어가 일어나 평소보다 공이 멀리 날아간다. 롱 아이언일수록 거리가 줄어들기 쉽다. 어지간히 힘이 센 경우가 아니라면, 로프트 각이 클수록 잔디 저항도 커지면서 헤드 스피드가 떨어져 플라이어가 생기기 어렵다.

▲ 플라이어란 임팩트 시 클럽 페이스와 공 사이에 잔디가 끼이면서 스핀량이 떨어져 평소보다 거리가 더 나오는 상황을 가리킨다.

▲ 남은 거리를 고려해 5번 아이언으로 빈 스윙을 해봤더니 러프의 저항이 강하게 느껴졌다면…

▲ 7번 아이언으로 바꾸어 잔디 저항을 줄이고 팔로 스루가 잘 되게 하는 편이 바람직하다.

나무 사이에서 리커버리하기

티 샷 한 공이 나무 사이로 날아가 버리면 실수를 만회하기 위해 조금이라도 그린 가까이 공을 보내고 싶어져 그린 방향으로 스윙을 시도하기 쉽다. 하지만 이때 또다시 실수하면 스코어를 더 잃게 되어 그 홀은 물론 남은 홀들에 나쁜 영향을 끼친다.

공이 나무 사이에 있을 때 가장 신경 써야 할 점은 가까운 페어웨이로 공을 내보내는 것이다. 페어웨이나 러프와는 다른 맨땅에서 공을 쳐야 하는 상황도 자주 생기는데, 습관처럼 아이언이나 웨지로 치려고 하지 말자. 다른 선택지가 있을 수 있다는 사실을 염두에 두자.

▲ 울창한 나무 사이로 공이 들어가 어떻게 탈출해야 할지 고민될 때는…

실전 고수의 비밀 노트

나무만 피하면 되는 만큼 높이 띄우는 샷은 필요 없다. 라이가 나쁠 확률도 높은데 우드나 유틸리티로 치면 약간 '뒤땅'이 나더라도 클럽 헤드가 미끄러지며 볼을 맞힐 수 있다(아이언이나 웨지로 치면 '뒤땅'이 날 경우 거리가 짧아지기 쉽다)!

100미터 이내의 샷

그린 가까이 갈수록 목표 거리가 짧아지면서 샷의 정확도가 높아져 원하는 지점까지 공을 보내기 쉬워진다. 이때 자신 있게 칠 수 있는 거리를 남기기 위해 끊어 치면 좋은 스코어를 내는 데 도움이 된다. 어프로치 거리는 3단계로 구분하면 좋다. 10~30미터는 숏 어프로치, 30~50미터는 미들 어프로치, 50~80미터는 롱 어프로치로 구분하는 걸 추천한다. 이때 필요한 것은 10미터 단위로 나누어 공을 보내는 연습이다. 숏·미들·롱 어프로치로 구분된 거리 중에서 확실하게 칠 수 있는 거리를 반드시 만들어두자. 예를 들어, 숏 어프로치로 20미터를 자신 있게 칠 수 있다고 해보자. 이 거리를 기준으로 남은 거리가 30미터라면 20미터를 칠 때보다 살짝 세게, 남은 거리가 10미터라면 조금 약하게 치는 방식으로 조절하면 좋다.

100미터 이내는 3단계로 구분하기

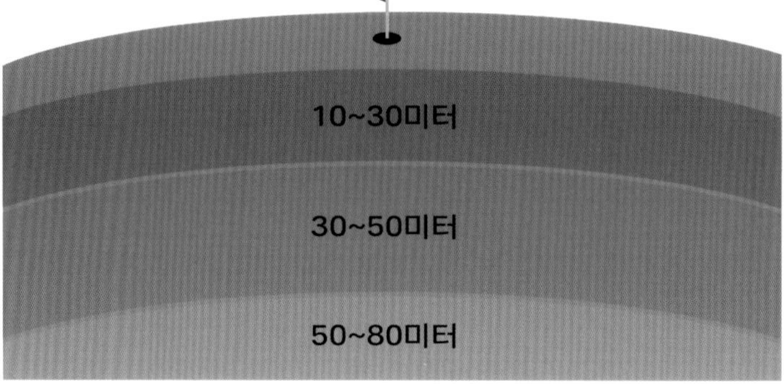

거리감 향상 트레이닝

어느 정도 스윙을 했을 때 몇 미터 나가는지 파악하기 위해 스윙 크기를 시계 숫자판에 맞춰 연습하자. 이렇게 연습해두면 거리감이 애매할 때도 적절하게 대응할 수 있다.

○ 8시 → 4시 | 10~20미터

10미터 UP

○ 9시→3시 | 30~40미터

10미터 UP

○ 10시 → 2시 | 50~60미터

10미터 UP

○ 11시 → 1시 | 70~80미터

SCENE 03

벙커 샷

Bunker shot

모래 상태를 확실히 파악해 그에 맞는 스윙을 구사하면 벙커에서 쉽게 탈출할 수 있을 뿐만 아니라 공을 핀 가까이 붙이는 것도 가능하다. 이번 챕터에서 설명하는 내용을 제대로 이해하면 앞으로 벙커를 두려워할 이유가 전혀 없다.

페어웨이 벙커

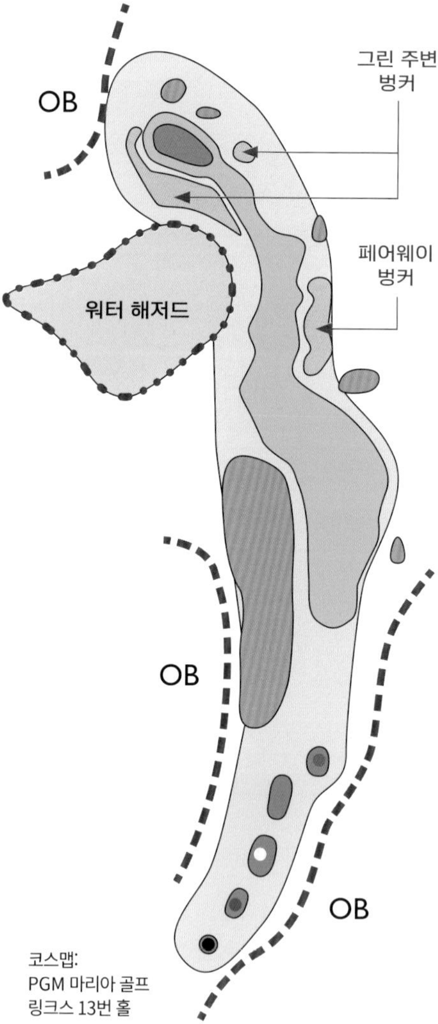

코스맵:
PGM 마리아 골프
링크스 13번 홀

통상 '벙커'라고 뭉뚱그려 말하지만 벙커에는 크게 두 종류가 있다. 하나는 페어웨이 여기저기에 놓여있는 '페어웨이 벙커', 또 다른 하나는 그린 주위에 있는 '그린 주변 벙커'다.

그린 주변 벙커는 벙커가 깊은 경우가 많기 때문에 올려 치는 스윙을 구사해야 한다. 반면에 페어웨이 벙커는 남은 거리만큼 거리를 내는 스윙이 필요하다. 벙커마다 어떻게 대처하면 좋을지 그 방법을 알아보자.

실전 고수의 비밀 노트

클럽으로 공의 탄도를 파악하면 벙커 탈출에 가장 적합한 클럽을 선택하는 데 도움이 된다. 특별한 비법 없이도 탈출할 수 있다!

페어웨이 벙커에서 필요한 스윙

OK 살짝 왼쪽에 체중을 싣고 내려치는 느낌으로 스윙한다.

NG 벙커 탈출을 지나치게 의식해 올려치면 거리가 짧아진다.

◀ 사진과 같이 클럽 페이스 면을 위로 향하게 한 뒤 공 가까이 클럽을 댄다. 샤프트가 기울어진 정도가 그 클럽의 탄도를 의미한다. 이를 벙커 깊이와 비교하면 알맞은 클럽을 고를 수 있다.

그린 주변 벙커

그린 주변 벙커에서는 볼을 직접 치기보다는 볼 뒤쪽 모래를 쳐서 탈출하는 것이 기본이다. 모래를 폭발시키듯이 샷을 하기 때문에 '익스플로전 샷(Explosion shot)'이라고도 부른다.

주의해야 할 부분은 지면의 강도와 모래의 깊이다. 모래가 부드러우면 지지하는 발이 가라앉는 느낌이 드는데, 이런 벙커에서는 클럽 헤드가 파고들기 쉬운 만큼 공을 빼내기 까다롭다. 반면 모래가 단단하고 뭉쳐있을 때는 클럽 헤드가 튕기기 쉽다. 따라서 모래 상태에 따라 스윙을 달리해야 한다. 상황별 대처법을 자세히 알아보자.

실전 고수의 비밀 노트

벙커 턱이 낮으면 무리해서 웨지를 쓰지 말자. 퍼터로 단번에 탈출하는 것이 좋은 전략이다!

▲ 퍼터를 사용할 때도 룰(벙커에서는 셋업 시 클럽을 지면에 대면 안 된다- 역주)은 같기 때문에 헤드가 모래에 닿지 않도록 주의하자.

▲ '뒤땅'을 치지 않도록 주의하며 평소 퍼팅할 때와 똑같이 치면 쉽게 탈출할 수 있다.

모래의 단단함에 따른 스윙

★ '핸드 퍼스트(Hand first)'란 스윙 진행 방향에서 봤을 때 그립이 볼보다 앞에 나오는 자세로, 그 반대는 '핸드 레이트(Hand late)'라고 한다.

단단한 모래

양발이 잠기지 않은 상태에서 자세를 잡는다. 리딩 에지부터 들어가면 헤드가 모래에 빠지기 쉬운 만큼 핸드 퍼스트에 주의하며 스윙해 보자.

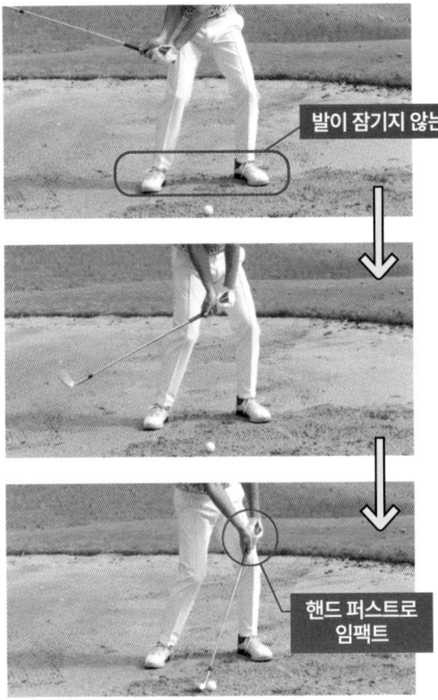

부드러운 모래

양발이 모래 속으로 잠긴다. 리딩 에지보다 바운스가 먼저 닿는 만큼 핸드 레이트로 친다. 어퍼 블로 스윙을 할 필요는 없다.

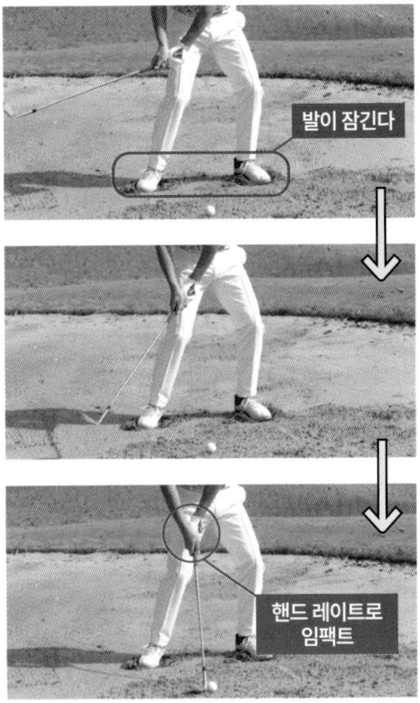

원 포인트 어드바이스 웨지의 클럽 헤드 구조를 살펴보자.

▲ 클럽 헤드 뒷면 아래에 튀어나온 부분을 '바운스'라고 한다. 바운스를 충분히 활용하면 '뒤땅'을 방지할 수 있다.

▲ 클럽 페이스와 솔의 경계 부분(페이스 면 가장 아래 1~2번째 줄)을 '리딩 에지'라고 한다.

SCENE 04

어프로치 샷

Approach shot

그린 주변에서 치는 어프로치 샷은 좋은 스코어를 내는 데 키포인트가 된다. 좋은 어프로치 샷을 위해서는 라이를 주의 깊게 살펴야 하고, 핀까지 보낼 여러 가지 방법도 연구해야 한다. 정교한 거리감에 주의를 기울이는 자세도 필요하다. 그린 주변을 왔다 갔다 하다가 스코어를 망치지 않게 할 만한 어프로치 방법을 배워보자.

어프로치 접근법

어프로치를 할 때도 라이를 주의 깊게 살피는 일이 매우 중요하다. 라이를 읽는 방법은 세컨드 샷을 할 때와 비슷하다. 먼저 볼이 잔디 위에 떠 있는지, 잠겼다면 얼마나 잠겼는지를 확인해야 한다. 그 외에 잔디 결, 지면의 습기까지 3가지 측면을 체크해야 한다.

볼의 잠김 여부나 잔디 결은 눈으로 판단한다. 잔디(지면)의 습기는 연습 스윙 시 클럽 바운스가 바닥에 닿을 때의 감촉으로 판단한다. 클럽이 잡힐 듯이 질척한지 아니면 튕겨 나갈 것 같이 건조한지 체크한다. 공이 잔디 위에 살짝 떠 있으면서 순결이고, 지면이 건조한 편이라면 굉장히 좋은 라이라고 할 수 있다. 클럽 헤드가 잘 미끄러지지 않고 공을 띄우기도, 굴리기도 좋은 만큼 원하는 대로 칠 수 있다. 이런 라이를 100점이라고 한다면, 반대로 역결이면 마이너스, 공이 잠겨 있으면 다시 마이너스, 지면이 축축하다면 다시 한번 마이너스다. 이 같은 감점 방식으로 라이를 판단해 점수가 낮으면 그만큼 클럽 헤드를 공 아래로 넣기 어려운 상황이라 할 수 있다. 그러한 상황에서는 공을 높이 띄우기 힘들기 때문에 낮은 탄도로 날리는 방법을 택할 수밖에 없다.

잔디 방향

어프로치에서 잔디의 영향은 크다. 특히 잔디 방향이 역결이면 클럽 헤드가 잔디에 걸려 빠지지 않고 '탑핑' 혹은 '뒤땅'으로 이어질 위험성이 있으니 주의하자.

▲ 공이 나아갈 방향을 향해 잔디가 누워있으면 '순결'

▲ 공이 나아가는 것을 거스르듯이 누워 있으면 '역결'

어프로치 쉽게 하는 방법

라이가 불리한 상황에서 위험을 피하며 핀에 붙이는 어프로치를 하고 싶다면 굴리는 어프로치, 즉 러닝 어프로치가 가장 적합하다. 이를 위해서는 공과 핀을 연결하는 선을 길게 활용하는 편이 좋다. 만약 그린을 벗어나더라도 그린을 세로로 길게 활용할 수 있는 위치라면 이상적이다.

원 포인트 어드바이스

핀 가까이 공을 던져보자.

어프로치로 공을 보낼 지점은 플레이어에게 가까운 쪽으로 잡으면 좋다. 고리 던지기 게임을 떠올리면 이해하기 쉽다. 고리 던지기를 할 때는 멀리 있는 막대보다 가까이 있는 막대에 고리를 넣기 쉽다. 골프에도 똑같이 적용해 보자. 필자는 필드 레슨을 할 때 학생에게 10미터 정도 떨어진 위치에서 공을 굴리듯이 던져서 핀 가까이 보내는 연습을 하게 한다. 그러면 모두 핀보다 앞쪽에 공을 떨어트린 뒤 핀에 붙이는 방식을 택한다. 자신에게 가까운 곳, 즉 앞쪽에 떨어트리면 목표 지점에 공을 보낼 확률이 높아진다는 사실을 알 수 있다.

굴리는 어프로치

공이 놓인 위치가 프린지(그린을 둘러싼 가장자리 부분. 보통 '그린 에지'라고 많이 부르지만 정확한 용어는 프린지 혹은 에이프런이다. - 역주)와 가까우면서 핀까지 장애물이 없으면 공을 띄울 필요가 없다. 이때 선택하는 것이 러닝 어프로치다. 짧은 어프로치에서는 먼저 퍼터로 칠 수 있을지 고민하자. 퍼터로 굴릴 수 있을지를 판단해 보고 어렵다면 피칭웨지나 9번 아이언으로 러닝 어프로치 하면 된다. 스윙은 기본적으로 직선에 가까운 인사이드 인 궤도로 휘두르는 것이 포인트다. 클럽 페이스에 공을 태우기 가장 쉬운 스윙법이다.

임팩트 위치

굴리는 어프로치에서는 볼이 깔끔하게 맞지 않아도 괜찮다. 대략적인 오차 범위를 정해두면, 너무 고민하거나 긴장할 필요 없이 스윙 방향과 크기에만 집중할 수 있다.

▲ 가장 이상적인 위치는 '볼 중심에서 약간 아래쪽'이다.

▲ 볼 중심에 맞추면 '탑핑' 느낌이 있지만 그래도 괜찮다.

▲ 볼 아래쪽으로 들어가듯이 맞으면 잔디의 방해를 받는다.

스윙법

볼을 위에서부터 혹은 아래에서부터 친다고 생각하지 말자. 오른손잡이 플레이어 기준, 오른쪽에서 왼쪽으로 똑바로 밀어치는 방법이 가장 좋다(임팩트 존에서 클럽 헤드가 수평으로 움직인다). 볼의 어느 부분에 맞았는지를 알 수 있는 만큼 스윙 크기와 방향성만 신경 쓰자.

원 포인트 어드바이스

짧은 어프로치에서는 평소 자세대로 치면 클럽의 넥(클럽 헤드와 샤프트를 이어주는 부분- 역주)이 잔디에 걸릴 수도 있으니 넥을 들어서 치는 방법을 기억해두자.

▲ 평소 자세대로 스윙하면 넥 부분이 지면에 닿는다.

▲ 그립을 들어 넥을 지면에서 떨어트리면 잔디에 걸리지 않는다.

볼 중심 살짝 아래에 맞는 경우

로프트에 의해 볼이 살짝 떠서 날아가며 깔끔하게 굴러가는 어프로치가 된다.

볼 중심에 맞는 경우

살짝 '탑핑' 느낌으로, 공이 뜨지는 않지만 스윙한 방향에 맞춰 굴러간다.

띄우는 어프로치

굴리는 어프로치가 치기 편하고 거리감을 파악하기 좋지만, 띄우는 어프로치를 해야만 하는 상황도 있다. 볼과 그린 사이에 벙커가 있거나 높은 위치에서 어프로치를 하는 상황 등을 예로 들 수 있다. 이런 상황에서는 해저드를 피하거나 볼이 멈추기 쉽게 쳐야 하는 만큼 띄우는 어프로치를 연습해둘 필요가 있다.

범하기 쉬운 실수 2가지

NG 어퍼 블로 스윙

볼을 높이 띄우려고 어퍼 블로 스윙으로 치기 쉽다. 스윙으로 볼을 띄우는 것이 아니라 클럽 페이스의 로프트 각을 이용해 볼을 띄운다는 점을 명심하자.

NG 잘못된 핸드 퍼스트

핸드 퍼스트로 잘못 치면 클럽 헤드가 공 뒤쪽에 걸리면서 '뒤땅'이 되어 공이 안 맞거나 거리가 짧아질 위험성이 있다.

띄우는 어프로치 셋업

❶ 핸드 퍼스트를 푼다

띄우는 어프로치를 할 때는 핸드 퍼스트를 풀고 몸통 중앙에서 그립을 잡은 뒤 클럽을 휘두른다. 이렇게 하면 클럽 헤드의 바운스를 제대로 활용해 볼을 띄울 수 있다.

❷ 클럽 페이스는 오른쪽으로 돌린다

흔히 '페이스를 연다'는 표현을 쓰는데, 필자는 '페이스를 (타깃을 마주 봤을 때) 오른쪽으로 돌린다'라고 말한다. 이렇게 하면 위로 볼을 띄우기 쉬운 페이스 면의 각도가 나온다.

띄우는 어프로치 스윙법

핸드 퍼스트로 클럽 페이스 면을 오른쪽으로 돌린 뒤 수평으로 스윙한다. 아래에서 위로 퍼올리며 공을 직접 띄우려고 하지 말자!

원 포인트 어드바이스

공 아래로 클럽 헤드를 넣으려면 '훌륭한' 더프 기술이 필요하다. 클럽 바운스가 공 2~3센티미터 뒤쪽에 닿게 하면 바운스 효과로 클럽 헤드가 미끄러지면서 클럽 헤드를 공 아래로 넣을 수 있다!

SCENE 05

퍼팅

Putt

'퍼팅은 돈이다'라는 말이 있을 정도로 퍼팅은 중요하다. 골프의 가장 마지막 순간을 마무리하는 동작으로 스코어에도 지대한 영향을 미친다. 롱샷도 중요하지만 역시 스코어는 퍼팅에 달려있다. 이번 챕터를 통해 그린 위에서 주의해야 할 점을 익혀 그린을 지배해 보자.

그립 잡는 방법

퍼팅은 스코어와 직결되지만 확실한 정답이 없는 만큼 100퍼센트 완벽한 퍼팅 기술을 갖추기란 쉽지 않다. 감각은 쉽게 사라지는 경향이 있어 아무리 프로 골퍼라고 해도 좋은 퍼팅 감각을 다음 날까지 유지하기는 힘들다.

퍼팅 기술을 키우는 효과적인 방법은 항상 자신의 감각에 철저하게 파고들어 연습하는 것뿐이다. 퍼터 그립과 헤드 형태, 그립 잡는 법 등을 조합하는 경우의 수는 무한하다. 자신에게 맞는 방법이 무엇인지 다양하게 시험해 보면서 최적의 조합을 찾아보자.

그립의 종류

▲ 롱 샷과 마찬가지로 오른손이 왼손을 덮어 잡는 방법이다. 샷과 똑같은 감각으로 휘두를 수 있다.

▲ 샷을 칠 때와는 반대로 양손의 위치를 바꾸어 왼손이 오른손을 덮어 쥔다. 왼손(왼팔)으로 클럽의 움직임을 조절하면서 치는 방법이다.

▲ 왼손은 일반 그립과 마찬가지 형태로 쥐고, 오른손은 손가락 3개만 그립에 대는 형태다. 오른손의 힘을 빼고 왼손의 감각에만 집중하는 방식이다.

손가락의 위치

▲ 오른손 새끼손가락을 왼손 검지와 중지 사이 홈에 올리는 '오버래핑' 그립

▲ 오른손 새끼손가락을 왼손 검지와 중지 사이에 끼우는 '인터로킹' 그립

▲ 오른손 새끼손가락도 그립을 잡게 해 열 손가락이 모두 그립을 감싸는 '베이스볼' 그립

▲ 왼손 검지를 오른손 약지와 새끼손가락 사이 홈에 올리는 '역 오버래핑' 그립

실전 고수의 비밀 노트

다양한 그립으로 1미터 퍼팅을 연속해서 10번 쳐보자. 어떤 그립으로 쳤을 때 가장 편안한지, 같은 거리를 일관성 있게 칠 수 있었는지 파악하며 자신의 감각과 맞춰보자!

라인 읽는 방법

한 홀의 시작부터 마무리까지 중 가장 집중해서 정보를 수집해야 하는 때가 바로 그린 위에 공을 올린 순간이다. 그린에는 알아채기 어려운 미묘한 경사가 있다. 그에 따라 공이 들어갈지 말지, 핀 가까이에 붙을지 안 붙을지가 결정되기 때문에 '경사'라는 정보는 무척 중요하다고 할 수 있다.

정보 수집은 어프로치한 공이 그린을 굴러갈 때부터 시작된다. 그린 위에 떨어진 다음 어느 방향으로, 어떤 속력으로 굴러가는지, 어디에 멈췄는지 등 세세한 부분까지 살피면 한눈에 알아채기 어려운 경사까지 보이기 시작할 것이다. 물론 홀컵을 지난 다음에 어떤 움직임을 보이는지도 주의 깊게 살펴야 한다. 퍼팅하기 전에는 홀컵의 반대편, 혹은 옆에서 라인을 읽으면서 오르막, 내리막, 슬라이스, 훅과 같은 요소를 판단하도록 하자. 실제 굴러가는 공에 해답이 숨겨져 있기도 하다.

자신의 공은 물론 다른 사람이 퍼팅할 때 마음속으로 라인을 예상하며 고민해 보면 볼의 스피드까지 확인할 수 있다. 네 명이 라운드하면 혼자서 할 때에 비해 4배로 생각해 볼 기회가 있다. 그만큼 '골프 머리'를 키울 수 있다는 뜻이다. 다른 사람의 퍼팅도 자신의 공부 거리로 삼으면 퍼팅 스킬은 날이 갈수록 좋아질 것이다.

실전 고수의 비밀 노트

정보를 잘 수집하는 비결은 너무 많이 고민하지 않는 것이다. 빨리 결론을 낸 뒤 바로 시도하자!

'크게 읽기'와 '작게 읽기'

라인을 읽을 때 공이 휘어지는 폭을 크게 계산하는지 작게 계산하는지에 따라 결과가 달라진다는 사실을 기억하자.

크게 읽기(프로 라인)

작게 읽기(아마추어 라인)

▲ 크게 읽는 편이 홀컵 가까이 가는 만큼 투 퍼트로 끝낼 가능성이 커진다.

거리감 맞추는 방법

퍼팅 중 특히 어려운 부분이 거리감이다. 롱 퍼팅에서는 첫 번째 퍼팅을 통해 다음 퍼팅에서 공이 들어갈 확률이 50퍼센트 정도 되는 지점까지 붙이는 것이 이상적이다. 라운드 전 연습할 때 반드시 15~20미터 롱 퍼팅의 기준이 되는 포인트를 확인해두자. 그날의 퍼팅 감각이나 스윙 폭을 체크해 백스윙을 어느 정도로 할지 기준을 잡아두면 좋다.

연습 그린에서 롱 퍼팅 해보기

15~20미터 거리에서 세 번 정도 쳐보면서 적절한 스윙 폭이나 감각을 확인하는 한편, 그린 스피드까지 머릿속에 넣어두자.

실전 고수의 비밀 노트

롱 퍼팅은 프로라도 어렵다. '쓰리 퍼트라도 좋아'라는 마음으로 대비해 포 퍼트까지 가지 않게 하자!

PART 2

생각하는 골프를 몸에 익히자!
코스 매니지먼트 Q&A

이번 파트에서는 필드에서 가장 흔하게 겪는 코스 매니지먼트 관련 19가지 문제를 제시한다. 골프는 스윙 기술만 갈고닦는다고 끝이 아니다. 코스 구조를 미리 파악한 뒤 위험한 지역을 피해 공이 멈출 위치를 정하는 것은 물론, 실수를 하더라도 스코어를 지킬 수 있는 전략을 세워야 한다. 이런 생각하는 힘, 즉 '골프 머리'를 문제 풀이를 통해 키워보자.

문제 및 해답 활용법

파트 2에서는 저자가 직접 고안한 코스 매니지먼트 관련 문제 19가지를 제시한다.

이런 방식으로 풀어나가는 이유는 무엇일까? '스윙법 같은 스킬을 익히는 편이 더 좋을 것 같은데……'라고 생각하는 독자도 있을지 모르겠다. 문제 풀이 방식으로 설명하는 이유는 스스로 생각하는 힘을 키우기 위해서다. 자신이 지금 어떤 상황에 처해있는지 파악하여 다음 샷은 어디를 노려야 할지, 나아가 그다음 샷을 편하게 치려면 어떤 위험을 피해야 하는지와 같은 정보를 수집하고 적절한 전략을 세워야만 좋은 스코어를 낼 수 있다는 점을 명심하자. 아무리 스윙 기술이 좋아도 사용법을 잘 모르면 스코어를 크게 잃을 수 있다. 그 실수 하나로 페이스가 무너지면 스코어는 점점 더 나빠진다. 재차 이야기하지만, 공을 치는 기술은 중요하다. 그러나 좋은 스코어를 내기 위해 그 이상으로 중요한 것은 바로 '생각하는 기술'이다.

문제 페이지 활용법

그림

상황 설명에서 제시한 위치를 이해하기 쉽게 그림으로 표현했다. 문제를 반복해서 풀어볼 수 있도록 연필을 사용하자.

문제 번호

지문

답변의 대상이 되는 문장이다. 아래 쓰여 있는 상황 설명을 자세히 읽고 답을 생각해 보자.

상황 설명

몇 번 홀의 어느 지점에 있는지부터 볼이 놓인 라이, 핀까지의 거리, 바람까지 현재 처한 상황을 설명한다.

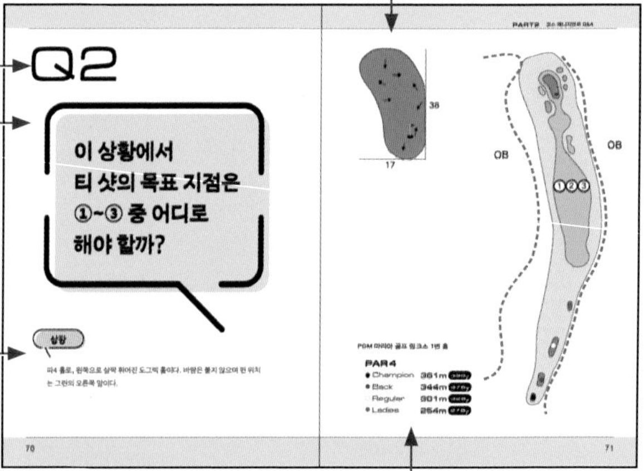

거리

각 티에서 그린까지의 거리다. 티 샷과 관련된 문제를 풀 때 참고하자. (성별이나 실력에 따라 티 샷하는 위치가 다르다. 일반적으로 '챔피언 티'는 남성 프로 또는 남성 상급자를 위한 티박스다. '백 티'는 아마추어 상급자, '레귤러 티'는 남성 아마추어 및 여성 프로, '레이디스 티'는 여성 아마추어 및 시니어들이 사용한다. 각 티잉 그라운드의 위치는 색깔로 구분한다. - 편집자 주)

여기에 실린 문제는 필자가 이미 여러 차례 라운드를 다녀온 'PGM 마리아 골프 링크스'(일본 지바현 기사라즈시 위치)의 코스맵을 사용했다. 모든 홀의 특징을 숙지하고 있어서 자주 벌어지는 상황이 머릿속에 들어 있는 만큼 실제로 생길 법한 문제를 낼 수 있었다. 이 문제들을 풀어나가면 라운드 시 생각하는 힘이 길러지고 골프 머리가 깨어날 것이다. 각 문제의 해답(해설)은 실력에 따라 차이를 두었다. 100타 언저리 독자를 위한 '초급 레벨'과 70~80타 근방 독자를 대상으로 한 '중상급 레벨', 두 종류의 해답을 준비했다(문제에 따라 하나만 제시한 경우도 있다). 두 해답 모두 저자 나름대로 고안한 답변이다. 골프에 정답은 없기 때문에 여기에 실린 해답대로만 해야 하는 것은 아니다. 다만, 코스를 숙지하고 있는 필자만의 답변이니만큼 참고가 될 것이라 생각한다. 만약 마리아 골프 링크스에서 라운드하게 된다면 각 홀에서 제시한 해답을 그대로 적용해 볼 수도 있겠다.

파트 2의 문제 풀이를 통해 얻은 지식을 살린 골프, 즉 '생각하는 골프'를 바탕으로 다음 라운드에 임한다면 이전과 똑같은 스윙으로도 스코어는 분명히 나아질 것이다.

해답 페이지 활용법

중상급 레벨 해답

70~80타 근방의 독자를 위한 해답이다. 자신의 구력이나 스타일에 따라 해답이 크게 달라질 수도 있으니 하나의 참고 자료로 읽어보길 권한다.

초급 레벨 해답

스코어가 100타 언저리인 독자에게 적합한 해답이다. 골프 실력을 키우기 위해 중상급 레벨의 해답·해설까지 읽어 봐도 좋다.

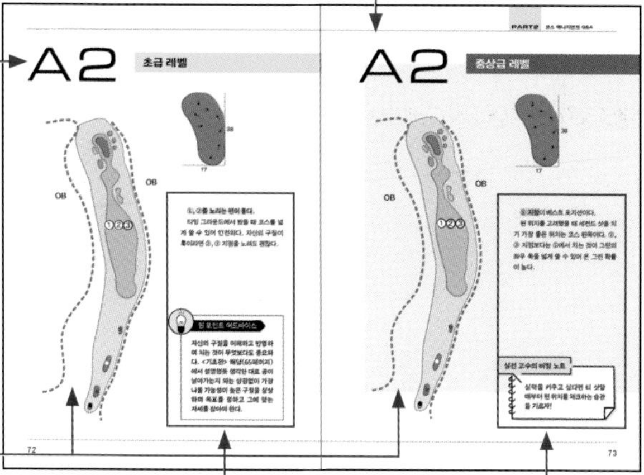

코스맵

해답에서 설명하는 위치를 이해하기 쉽게 표현했다.

해답·해설

필자가 제시하는 해답 및 해설이다. 이것만이 정답이라 생각할 필요는 없다. '원 포인트 어드바이스'와 '실전 고수의 비밀 노트'까지도 여러 대안 중 하나로 받아들이며 골프 실력을 키워보자.

Q 기초편

1번 홀의 드라이버 샷. 어디에 신경 써서 스윙하면 좋을까?

상황

첫 번째 티 샷을 칠 때면 '오늘이야말로 라베(Lifetime best score의 줄임말 – 역주)를!' 하고 각오를 다지는 이가 많다. 반대로 '요즘 연습을 통 못해서 오늘은 밑져야 본전이야' 하고 지레 포기하는 경우도 있을 것이다. 어느 쪽이든 긴장되는 순간이다.

A 기초편

초급 레벨

• 공이 날아갈 확률이 가장 높은 방향을 상상하며 목표 지점을 설정하고 그에 맞는 자세를 잡는 것이 중요하다. 실제로 날아가는지 아닌지는 그다음 문제다. 코스 매니지먼트에서 '반드시 성공하는 상황'은 있을 수 없다. 그러나 조금이라도 성공 가능성을 높이는 선택은 있다. 그 선택을 할 수 있는지 없는지, 이를 매 홀 해낼 수 있는지 없는지에 따라 18홀의 스코어는 달라진다.

• 막연한 목표를 세우면 자세나 스윙이 어정쩡해지고, 결국엔 '모 아니면 도'라는 식으로 운에 맡기는 플레이를 하게 된다. 평소 연습 때부터 자신의 공이 어느 방향으로 자주 날아가는지를 파악해 둬야 하는 이유는 이 때문이다. 원하는 타구를 나오게 하는 가장 적절한 자세, 그리고 목표로 하는 지점에 따라 희비가 엇갈리는 것이 골프라는 사실을 명심하자.

중상급 레벨

• 평상시 구질을 상상하며 스윙을 하면 된다. 그날의 컨디션이나 감각을 좌우하는 중요한 샷이니만큼 만일 의도하지 않은 방향으로 공이 날아가거나 잘 맞지 않더라도 흔들리지 않는 자세가 중요하다. 첫 홀에서 실수가 나오면 다음 홀에서 어떻게 보완할지 바로 생각하도록 하자. 몸이 풀리는 3번 홀까지 그날의 티 샷을 어떤 느낌으로 칠지, 어느 방향으로 공이 잘 날아가는지를 판단하는 것이 관건이다. 파악이 되면, 남은 홀에서는 망설임 없이 티 샷 할 수 있게 된다.

실전 고수의 비밀 노트

어느 상황에서든 주저하며 치는 샷은 실패 확률이 높다. 긴장되는 마음은 어쩔 수 없겠지만, 어디를 타깃으로 할지는 반드시 결정해야 한다!

Q1

A 플레이어의 선택에는 어떤 위험 요인이 있을까?

상황

A 플레이어는 현재 파3 홀에 있다. 그린 중앙까지 거리는 140미터, 핀까지 거리는 155미터다. 바람은 불지 않는다. A 플레이어는 평소 7번 아이언으로 145미터 내외, 6번 아이언으로 155미터 내외의 비거리가 나온다. 이번 홀에서는 6번 아이언으로 티 샷 할 예정이다.

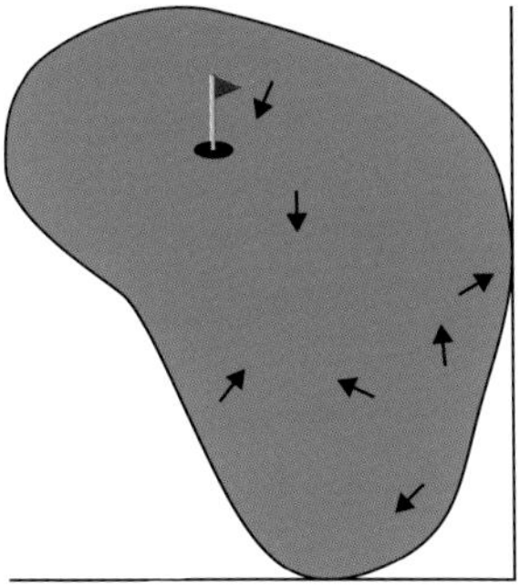

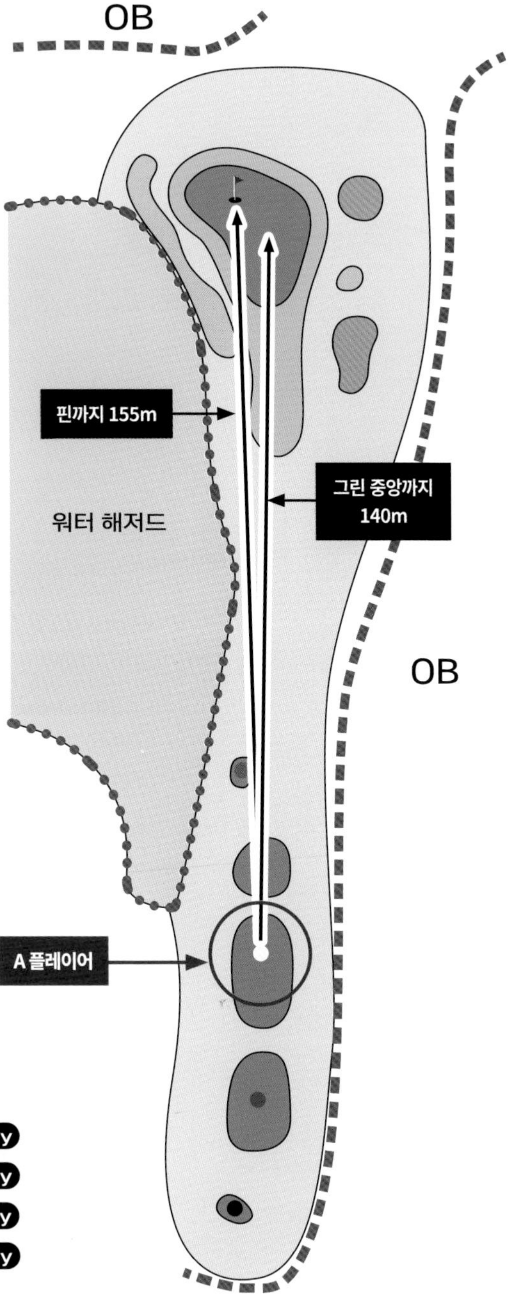

PGM 마리아 골프 링크스 2번 홀

PAR 3

● Champion	186m	203y
● Back	167m	183y
○ Regular	142m	155y
● Ladies	123m	135y

A1

초급 레벨

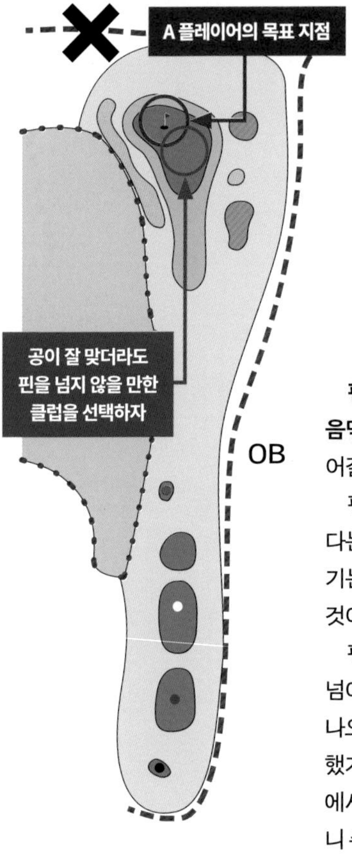

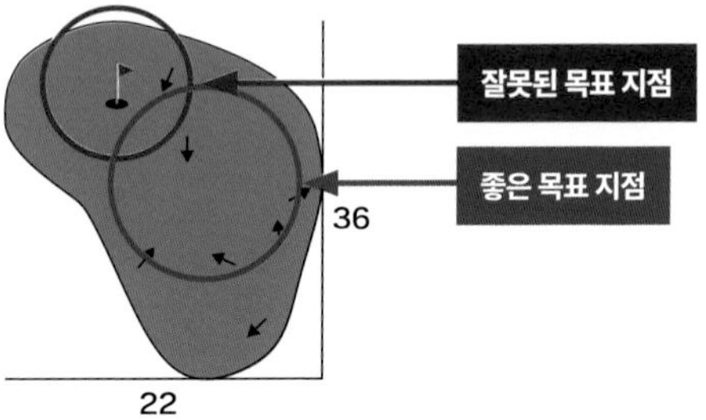

핀이 구석에 있는 상황에서 핀까지의 거리만큼 치려고 마음먹는 순간, 전략상으로 실패했다고 볼 수 있다! 그린을 넘어갈 가능성이 있기 때문이다.

핀이 그린 구석에 있다는 것은 곧 핀 너머로는 공간이 없다는 말이다. 이 상황에서 공이 그린을 넘어가면 핀에 붙이기는 더욱 어려워진다. 짧은 어프로치로 거리를 조절하는 것이 어렵기 때문이다.

핀이 구석에 있다면 '공이 제대로 맞더라도 절대로 핀을 넘어가지 않을 만한 클럽'을 선택하는 것이 기본이다. 자주 나오는 실수 중 하나가 첫 번째 샷이 잘 돼 볼이 그린에 착지했지만 그대로 굴러가 그린을 넘어가는 경우다. 어프로치에서 다시 핀을 오버하면 쓰리 퍼트하게 될 가능성이 커지니 주의하자.

원 포인트 어드바이스

그린의 경사가 오르막이면 그린을 오버했을 때 내리막에서 어프로치 하게 된다. 퍼팅 난이도가 올라가고 스코어를 망칠 위험이 커지는 만큼 주의가 필요하다.

A1

중상급 레벨

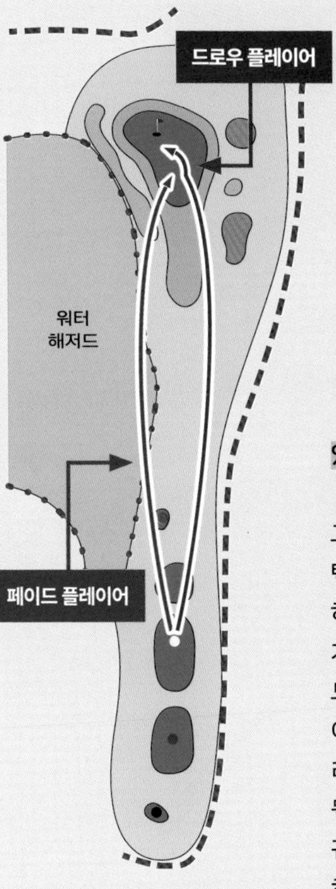

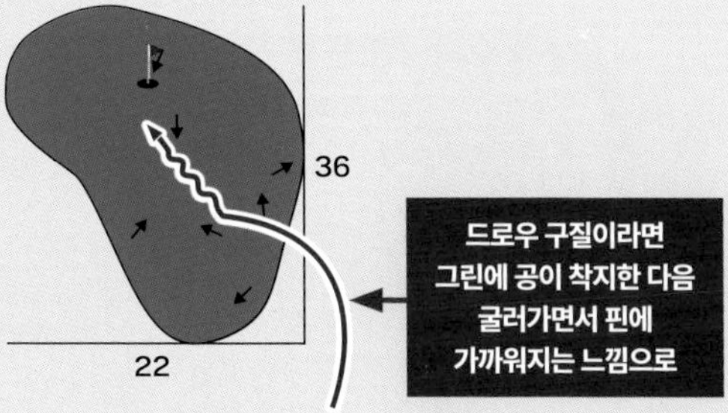

초급 레벨과 마찬가지로 정답은 **'핀을 넘어갈 가능성이 있는 클럽을 선택했다'**이다.

중상급자라면 자신의 구질이 드로우인지 페이드인지 알고 있을 가능성이 높다. 드로우 구질이라면 7번 아이언을 택하는 게 좋다. 셋업 할 때는 오른발에 살짝 체중을 싣도록 하자. 로프트를 세워서 임팩트하면 낮은 탄도로 볼이 날아가게 되는데, 착지한 뒤에 굴러서 핀에 붙을 수 있다. 페이드 구질이라면 6번 아이언으로 낮게 치자. 낮은 탄도로 날아가면 캐리(임팩트 후 공이 날아가 땅에 닿을 때까지의 거리로 땅에 착지해 굴러가는 거리는 제외한다)가 핀 앞쪽이 될 확률이 높아 오버를 피할 수 있다. 티를 높게 꽂아 높은 궤도를 노리는 것도 좋은 방법이다(로프트를 세워 임팩트하면 공이 지나치게 높이 뜨는 것을 방지할 수 있다).

원 포인트 어드바이스

공이 왼쪽으로 휘는 실수(훅)가 발생하면 거리가 많이 나온다. 오른쪽으로 휘는 페이드 샷을 칠 수 있다면 오버할 가능성은 줄어든다.

Q2

이 상황에서 티 샷의 목표 지점은 ①~③ 중 어디로 해야 할까?

상황

파4 홀로, 왼쪽으로 살짝 휘어진 도그렉 홀이다. 바람은 불지 않으며 핀 위치는 그린의 오른쪽 앞이다.

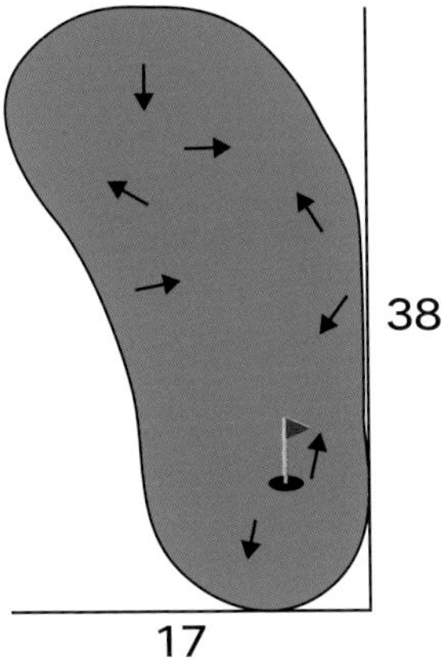

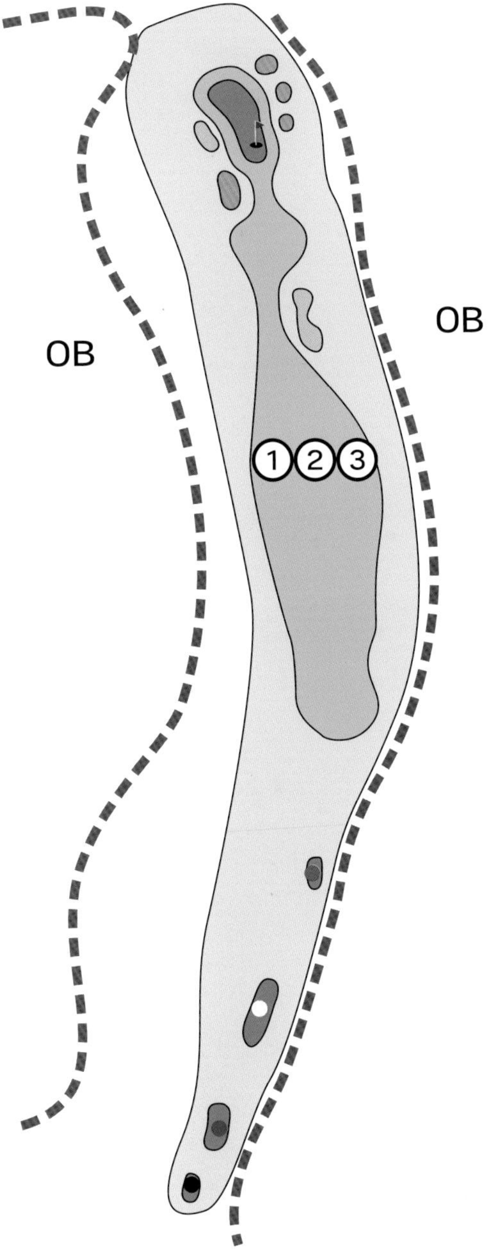

PGM 마리아 골프 링크스 1번 홀

PAR 4

● Champion	361m	395y
● Back	344m	376y
○ Regular	301m	329y
● Ladies	254m	278y

A2

초급 레벨

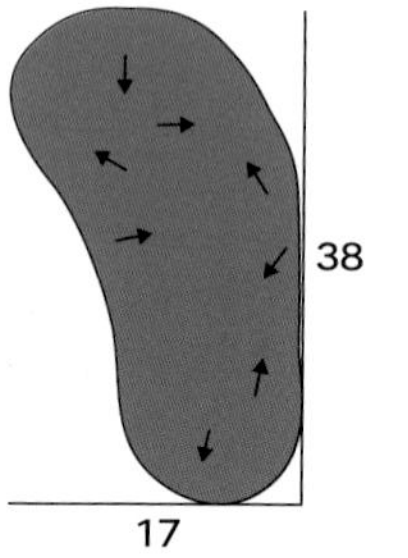

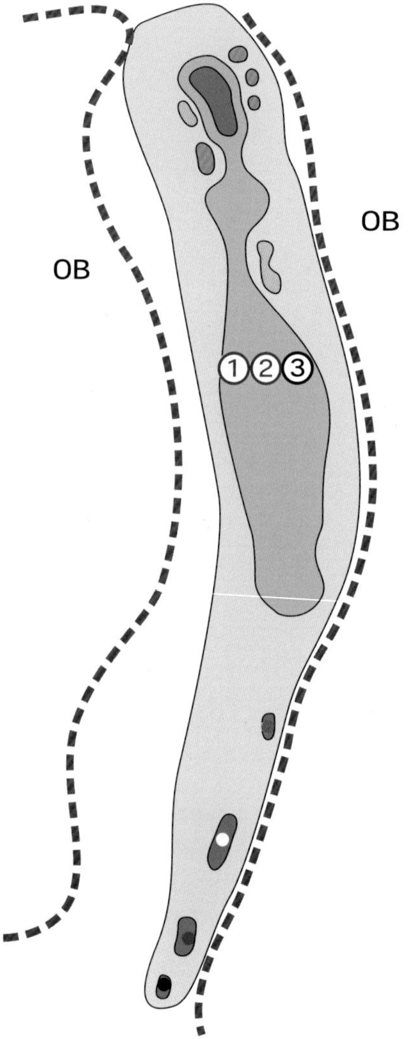

①, ②를 노리는 편이 좋다.

티잉 그라운드에서 봤을 때 코스를 넓게 쓸 수 있어 안전하다. 자신의 구질이 훅이라면 ②, ③ 지점을 노려도 괜찮다.

원 포인트 어드바이스

자신의 구질을 이해하고 반영하여 치는 것이 무엇보다도 중요하다. <기초편> 해답(65페이지)에서 설명했듯 생각한 대로 공이 날아가는지 와는 상관없이 가장 나올 가능성이 높은 구질을 상상하며 목표를 정하고 그에 맞는 자세를 잡아야 한다.

A2 중상급 레벨

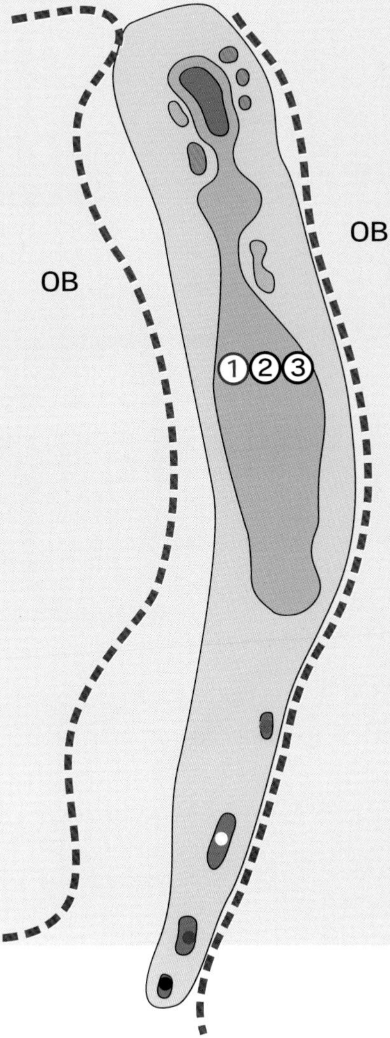

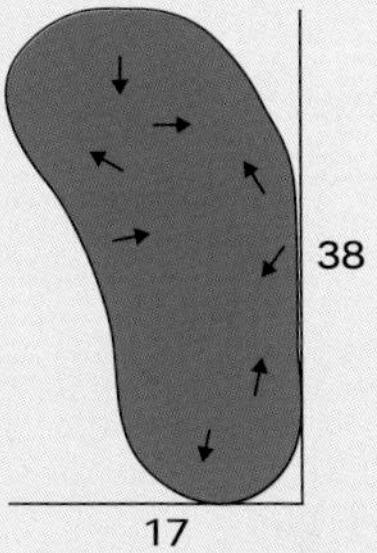

① 지점이 베스트 포지션이다.

핀 위치를 고려했을 때 세컨드 샷을 치기 가장 좋은 위치는 코스 왼쪽이다. ②, ③ 지점보다는 ①에서 치는 것이 그린의 좌우 폭을 넓게 쓸 수 있어 온 그린 확률이 높다.

실전 고수의 비밀 노트

실력을 키우고 싶다면 티 샷할 때부터 핀 위치를 체크하는 습관을 기르자!

Q3

오른쪽 그림처럼 핀이 있을 때, 세컨드 샷을 ①~③에서 친다면 목표 지점은 어디로 해야 할까? 리스크를 피할 방법은?

(세 가지 경우를 각각 생각해 보자)

상황

Q2의 응용 문제다. 핀 위치가 바뀌면 티 샷에서 노리는 지점도 달라진다. 손쉽게 그린을 노릴 수 있는 지점으로 샷을 날리는 게 좋기 때문이다.

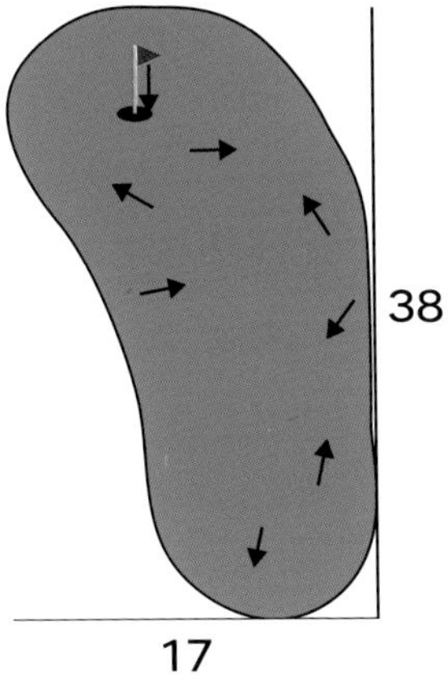

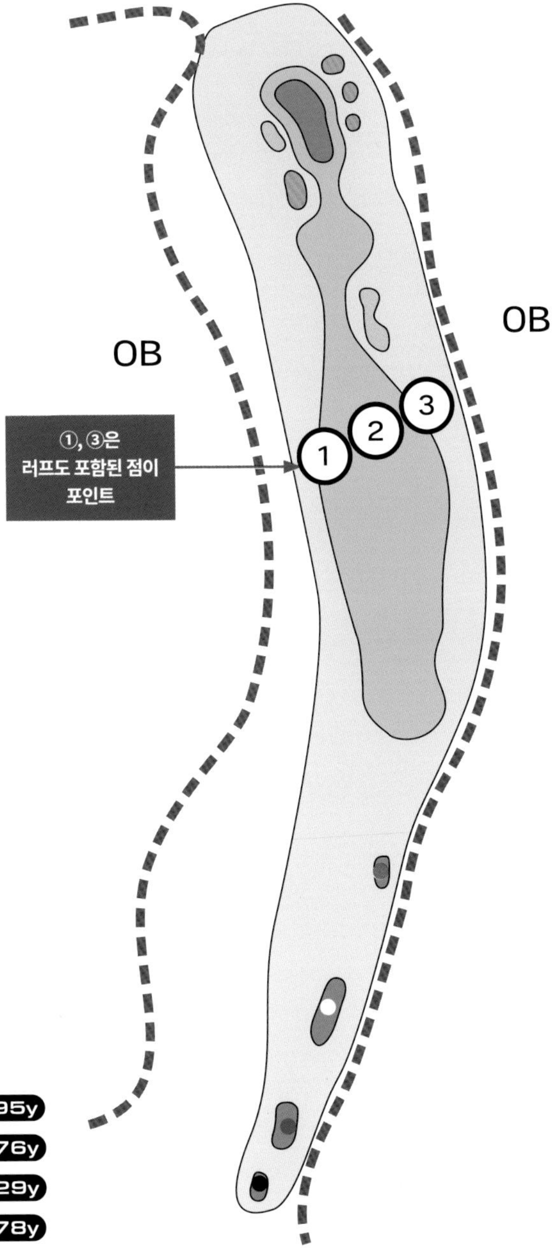

PGM 마리아 골프 링크스 1번 홀

PAR 4

● Champion	361m	395y
● Back	344m	376y
○ Regular	301m	329y
● Ladies	254m	278y

A3 초급 레벨

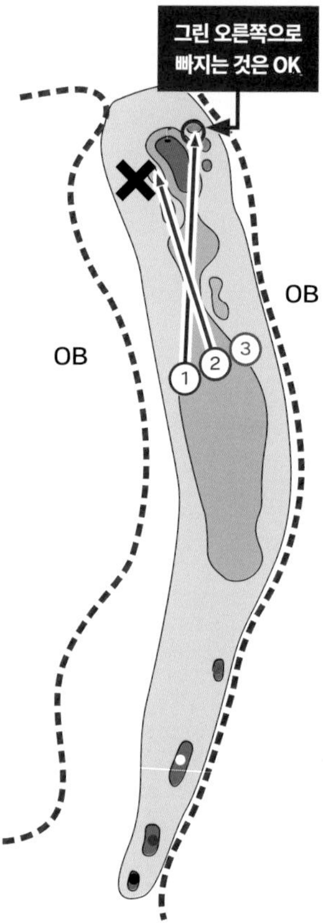

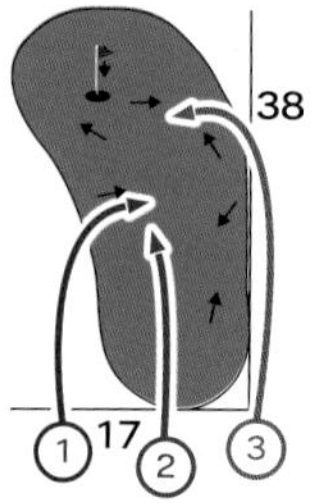

①의 경우: 핀으로 보내려면 벙커를 넘겨야 하는 만큼, 거리·좌우 폭 모두 정확도 높은 샷이 요구된다. 이 경우에는 **핀까지의 거리를 낼 수 있는 클럽을 선택해 그린 중앙을 노려야** 스코어를 잃을 위험을 줄일 수 있다. 그린을 벗어나는 것까지 감수하겠다면 오른쪽을 노리는 것도 좋다. 왼쪽 벙커에 빠지는 것만큼은 피해야 한다.

②의 경우: ①보다 핀을 노리기 쉬운 위치지만 **왼쪽 벙커를 조심**해야 한다. 설사 벙커 방향으로 가더라도 벙커를 넘길 수 있는 클럽을 선택, **핀을 살짝 오버해도 괜찮다는 각오로 그린 중앙을 노려보자.**

③의 경우: 각도 면에서는 핀을 노리기 좋은 위치다. 러프에서 치는 상황인 만큼, 착지 후 공이 멈추기 어렵다는 점도 고려해야 한다. 압박감을 느끼지 않을 만한 위치지만, 벙커가 두렵다면 안전하게 **핀 오른쪽**을 노리자.

원 포인트 어드바이스

세컨드 샷으로 그린에 올리지 않아도 괜찮다는 가정 하에, 어디로 치면 안 되는지를 생각해 보자(투 온 하면 대성공이다).

A3

중상급 레벨

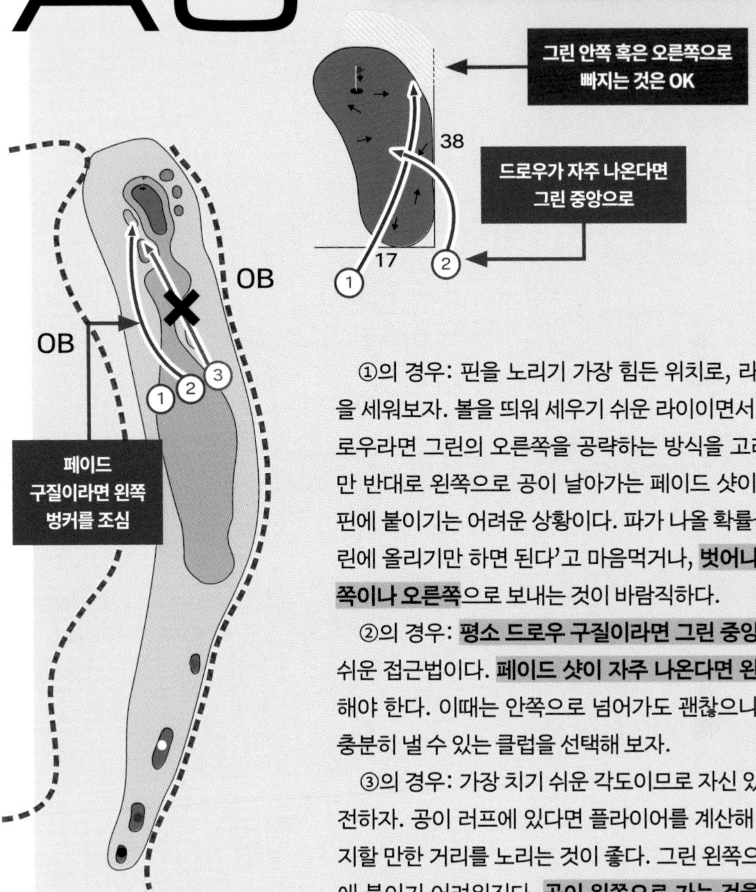

①의 경우: 핀을 노리기 가장 힘든 위치로, 라이에 따라 전략을 세워보자. 볼을 띄워 세우기 쉬운 라이이면서 평소 구질이 드로우라면 그린의 오른쪽을 공략하는 방식을 고려해 볼 수 있지만 반대로 왼쪽으로 공이 날아가는 페이드 샷이 자주 나온다면 핀에 붙이기는 어려운 상황이다. 파가 나올 확률을 높이려면 '그린에 올리기만 하면 된다'고 마음먹거나, **벗어나더라도 그린 안쪽이나 오른쪽**으로 보내는 것이 바람직하다.

②의 경우: **평소 드로우 구질이라면 그린 중앙**을 노리는 것이 쉬운 접근법이다. **페이드 샷이 자주 나온다면 왼쪽 벙커를 주의**해야 한다. 이때는 안쪽으로 넘어가도 괜찮으니 핀까지 거리를 충분히 낼 수 있는 클럽을 선택해 보자.

③의 경우: 가장 치기 쉬운 각도이므로 자신 있는 타법으로 도전하자. 공이 러프에 있다면 플라이어를 계산해 그린 중앙에 착지할 만한 거리를 노리는 것이 좋다. 그린 왼쪽으로 벗어나면 핀에 붙이기 어려워진다. **공이 왼쪽으로 가는 것을 경계하며 세컨드 샷을 쳐 보자.**

원 포인트 어드바이스

해저드를 넘겨야 하는 상황이 아니면 정신적으로 여유가 생기는 만큼 샷 성공률도 높아진다!

Q4

이제 그린을 노릴 차례다. 만에 하나 실수하더라도 핀에 붙이기 좋은 구역은 ①~④ 중 어디일까?

상황

파4 홀의 세컨드 지점이다. 핀까지 남은 거리는 155미터인데 오르막이 있어 10미터를 더 봐야 한다. 핀은 그린 오른쪽에 자리 잡고 있다. 그린은 그래스 벙커로 둘러싸여 있다.

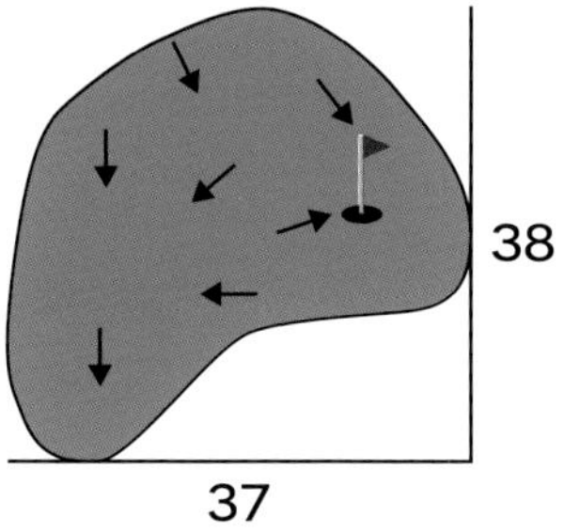

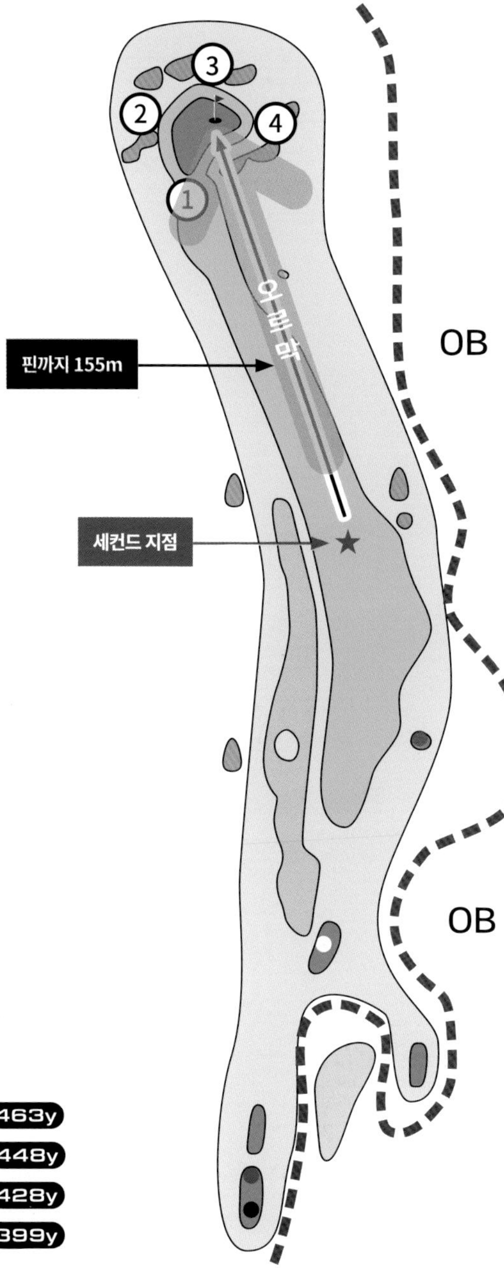

PGM 마리아 골프 링크스 15번 홀

PAR 4

● Champion	423m	463y
● Back	410m	448y
○ Regular	391m	428y
● Ladies	365m	399y

A4

초급 레벨

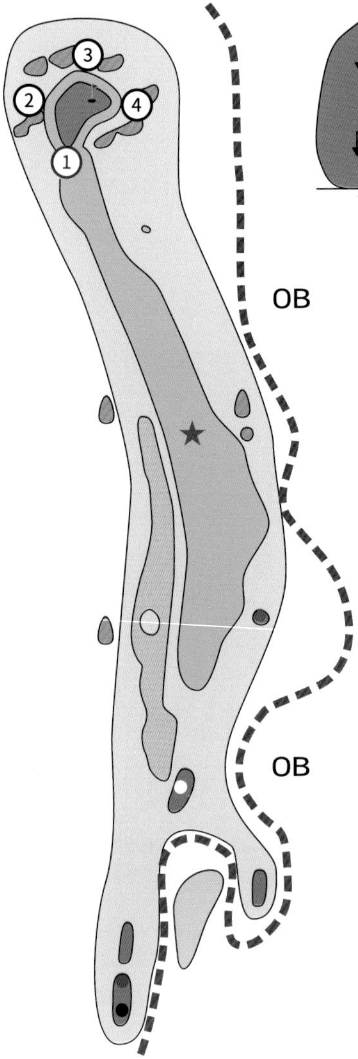

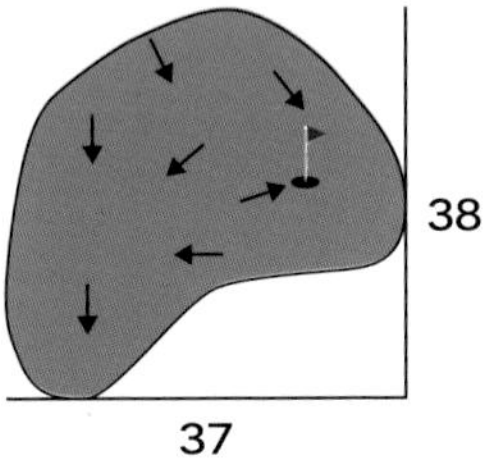

①이 가장 안전하다. 그래스 벙커에 빠지면 높이 띄우는 어프로치를 해야 할 가능성이 높아진다. 이는 곧 클럽 페이스를 열어서 치는 스윙이 필요하다는 이야기인데, 자칫하면 실수로 이어져 점수를 크게 잃을 수 있으니 주의해야 한다.

오르막 경사를 생각하면 165미터 이상 쳐야 하는 상황이니 그린 중앙에서 살짝 왼쪽을 목표로 삼자. 잘 맞지 않더라도 페어웨이에 있는 것이 좋다. 다음 어프로치 샷으로 그린에 올리기 쉽기 때문이다.

A4 중상급 레벨

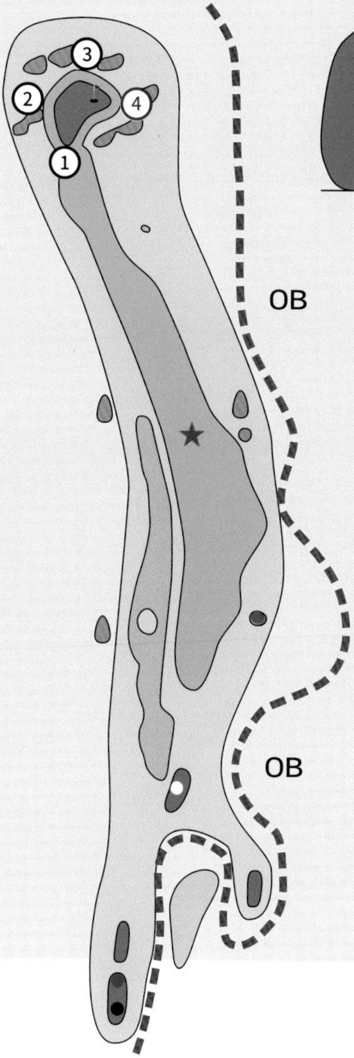

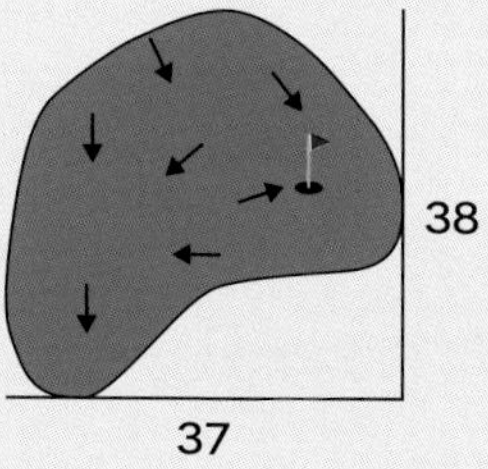

④가 이상적이다. 샌드웨지로 어프로치 할 수 있는 플레이어라면 붙이기 쉬운 위치이다.

그래스 벙커에서 어프로치를 해야 하지만 ④에서 봤을 때 그린의 경사가 오르막이기 때문에 비교적 공이 멈추기 쉽다. 그린을 벗어나더라도 세컨드 지점에서 직접 핀을 노릴 수 있는 ④가 가장 좋은 선택지라고 할 수 있다.

Q5

파5 홀에서 세컨드 샷을 날릴 차례다. 핀까지 남은 거리는 183미터로 투 온 찬스다. 어떻게 접근하면 좋을까?

상황

그린 주변에는 조그마한 벙커나 그래스 벙커가 산적한 상황이다. 바람은 없다. 핀은 그린 중앙에 있으며 프린지까지 거리는 165미터다. 티잉 그라운드에서 그린까지는 내리막이다.

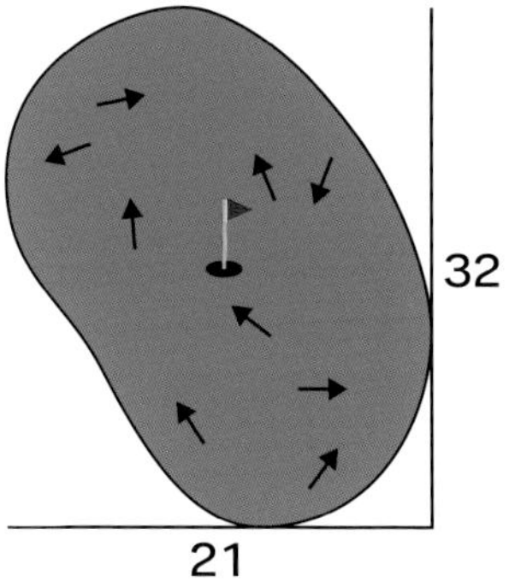

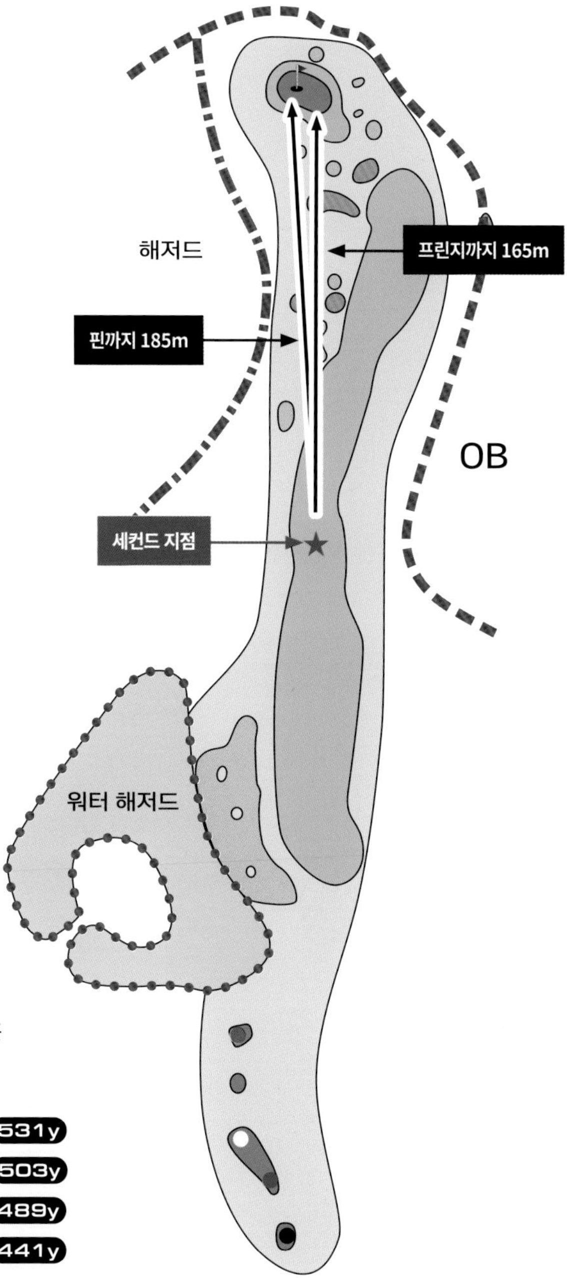

PGM 마리아 골프 링크스 14번 홀

PAR 5

● Champion	486m	531y
● Back	460m	503y
○ Regular	447m	489y
● Ladies	403m	441y

A5 초급 레벨

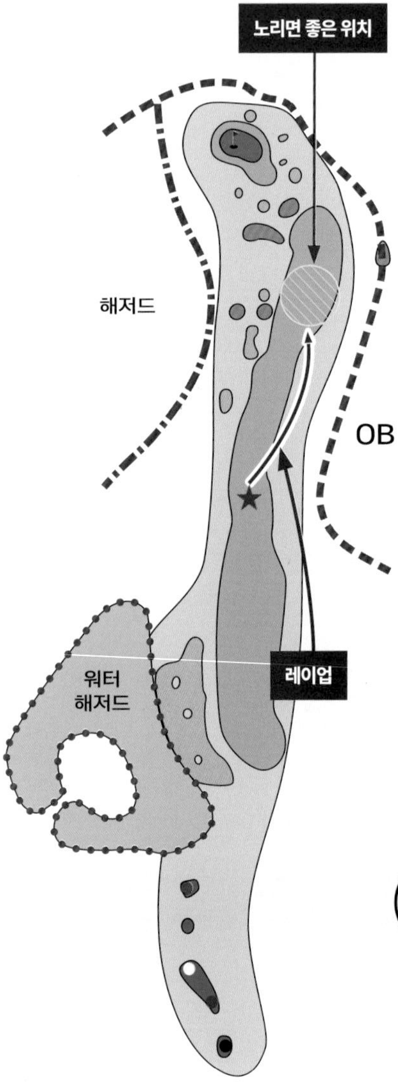

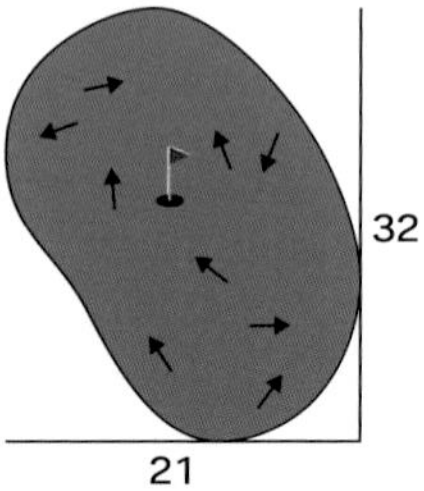

고민하지 말고 레이업하는 것이 정답이다.

100타 내외의 골퍼가 185미터를 제대로 보낼 확률이 얼마나 될까? 아주 낮은 확률에 도전했다간 상황이 악화될 수 있다. 안 좋은 위치에서 리커버리할 기술이 없으면 고민하지 말고 한 박자 여유를 가진 후 접근해야 한다.

이 상황에서는 100미터 전후의 거리를 남기는 정도로 레이업 하면 좋다. '조금이라도 그린 가까이'라는 마음으로 어중간하게 스윙하면 어프로치가 어려운 상황에 놓일 가능성이 높기 때문이다. 그린 주변이 복잡한 경우에는 50~100미터 이내의 페어웨이에서 다음 샷을 칠 수 있도록 하는 것이 좋다.

원 포인트 어드바이스

'백돌이'를 탈출하고 싶다면 50~100미터 거리에서 그린에 올리는 샷을 꾸준히 연습해 두자.

A5 중상급 레벨

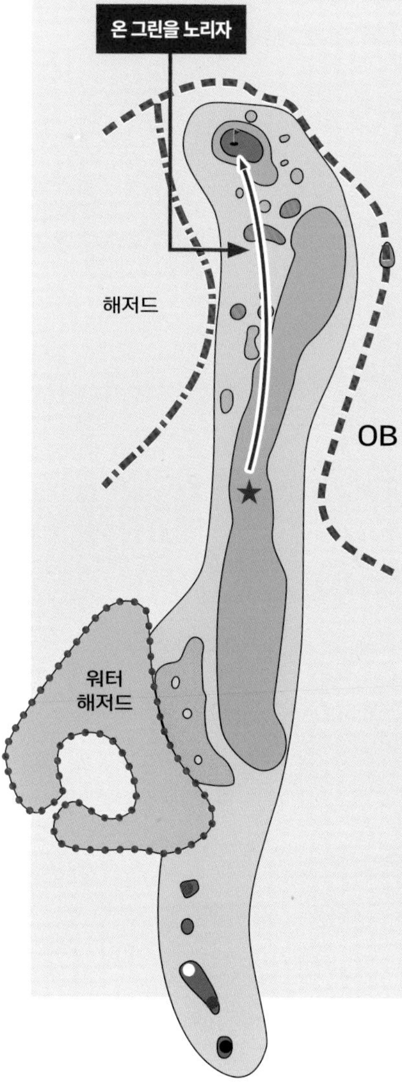

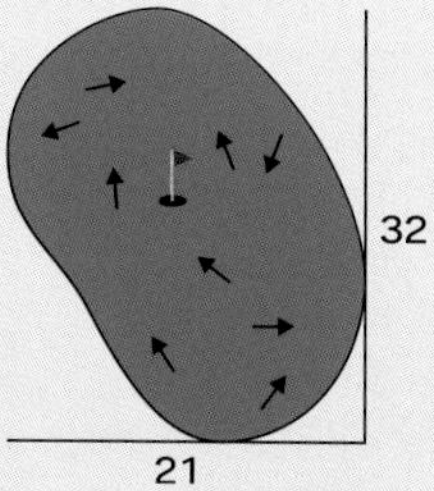

'걱정하지 말고 노려라!'가 정답이다.

이런 상황이 아니면 언제 그린을 노리겠는가? 친 볼이 그린을 벗어나 핀에 붙이기 어려워지면, '이번 홀은 파로 마무리하겠다'고 깔끔하게 전략을 변경하는 자세도 중요하다.

Q6

몇 미터를 목표로 해야 좋을까?

상황

파5 홀의 서드 샷 차례다. 핀까지의 거리는 110미터로, 페어웨이에 있다. 뒤바람이 세게 불고 있으며 프린지에서 핀까지는 10미터 거리다. 그린까지는 오르막 경사가 있다.

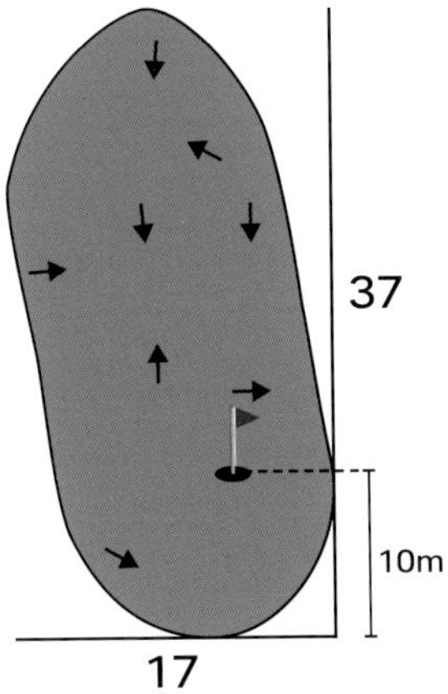

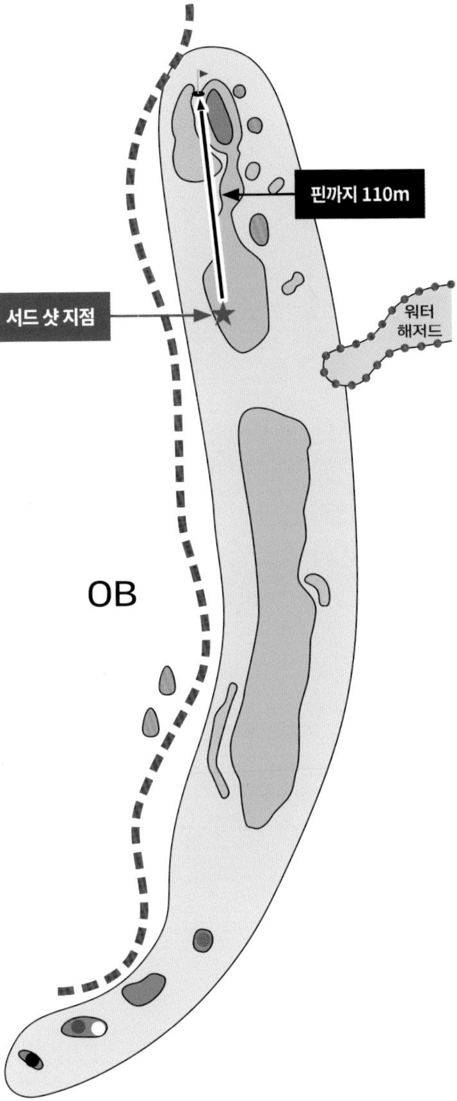

PGM 마리아 골프 링크스 3번 홀

PAR 5

● Champion	501m	548y
● Back	480m	525y
○ Regular	467m	511y
● Ladies	412m	451y

A6 초급 레벨

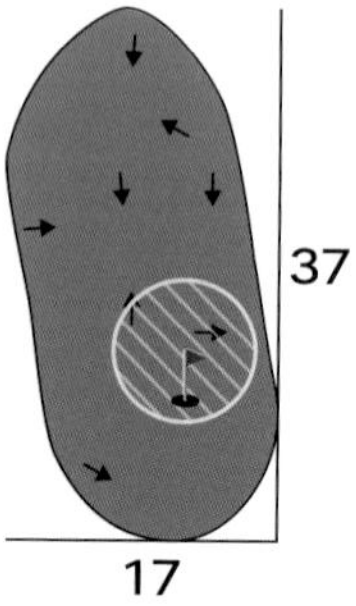

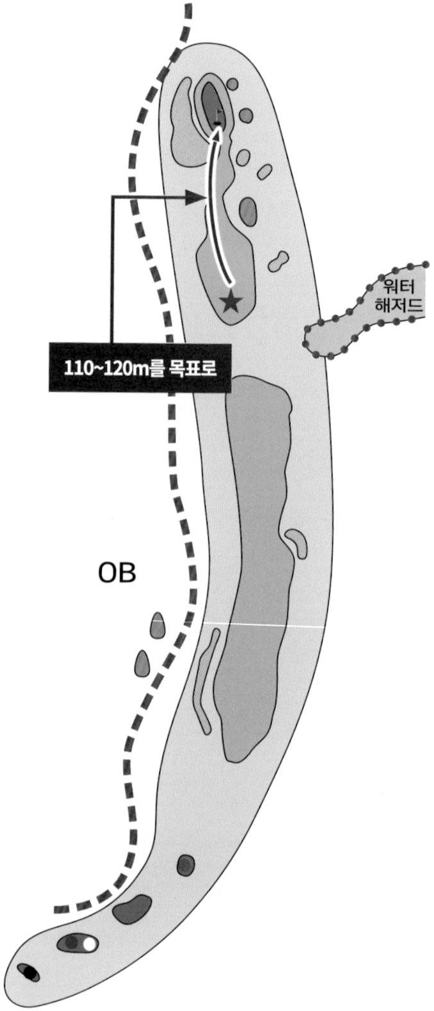

110~120미터가 이상적인 거리다.

확실하게 그린에 올리고 싶다면, 핀까지의 거리에 속지 말자. 그린 중앙까지 치는 것이 기본이다.

핀을 직접 노리면, 그린 바로 앞이 좁기 때문에 좌우로 흐를 가능성이 커진다. 뒤바람이 분다고 해서 짧게 치면 그만큼 거리가 짧아질 리스크가 높아지는 만큼, 핀을 넘어도 괜찮다고 생각하는 것이 좋다.

A6 중상급 레벨

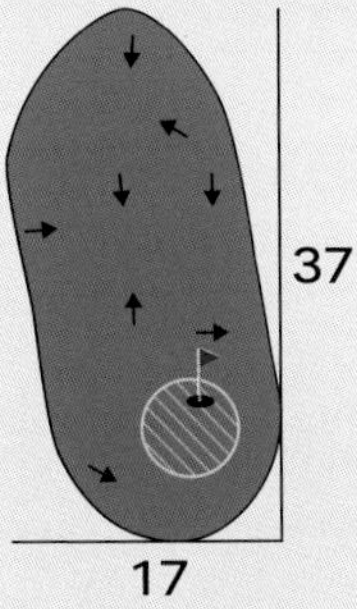

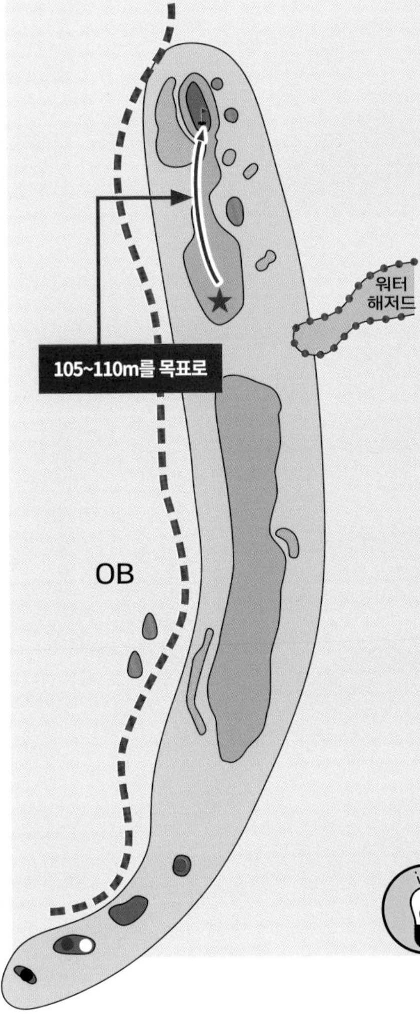

105~110미터가 바람직하다.

바람을 계산한 거리를 목표로 치자. 확실하게 핸드 퍼스트로 임팩트 해야 한다. 짧은 클럽으로 칠 때는 핸드 퍼스트로 임팩트하지 않으면 거리가 짧아지는 경향이 있기 때문이다.

핀이 오른쪽 사이드에 있으니, 왼쪽으로 휘지 않는 컷 샷(페이드 샷)으로 치면 좋다. 그린 중앙에 똑바로 혹은 살짝 오른쪽으로 휘는 공을 치는 것이 이상적이다.

원 포인트 어드바이스

안전하게 가고 싶으면 핀까지 거리가 아니라 그린 중앙까지의 거리를 중시하자.

Q7

티 샷 한 공이 오른쪽 숲으로 들어가 버렸다. 나무 사이로 공을 낮게 보내면 그린 방향을 노릴 수 있는 상황이다. 어떻게 해야 할까?

상황

전반 5번 홀로, 핀까지의 거리는 130미터다. 라이는 잔디 없는 땅(베어 그라운드) 위다.

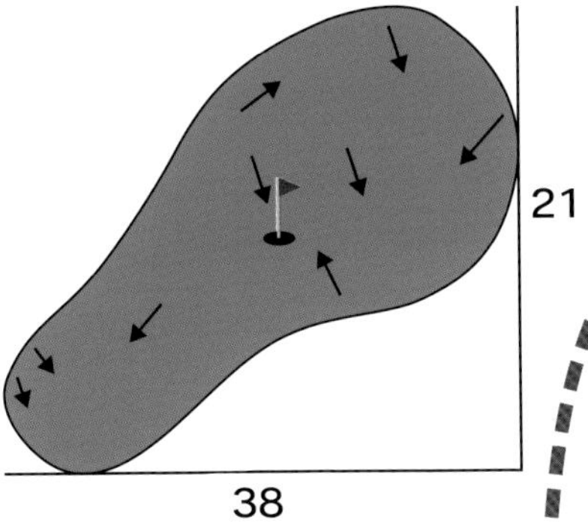

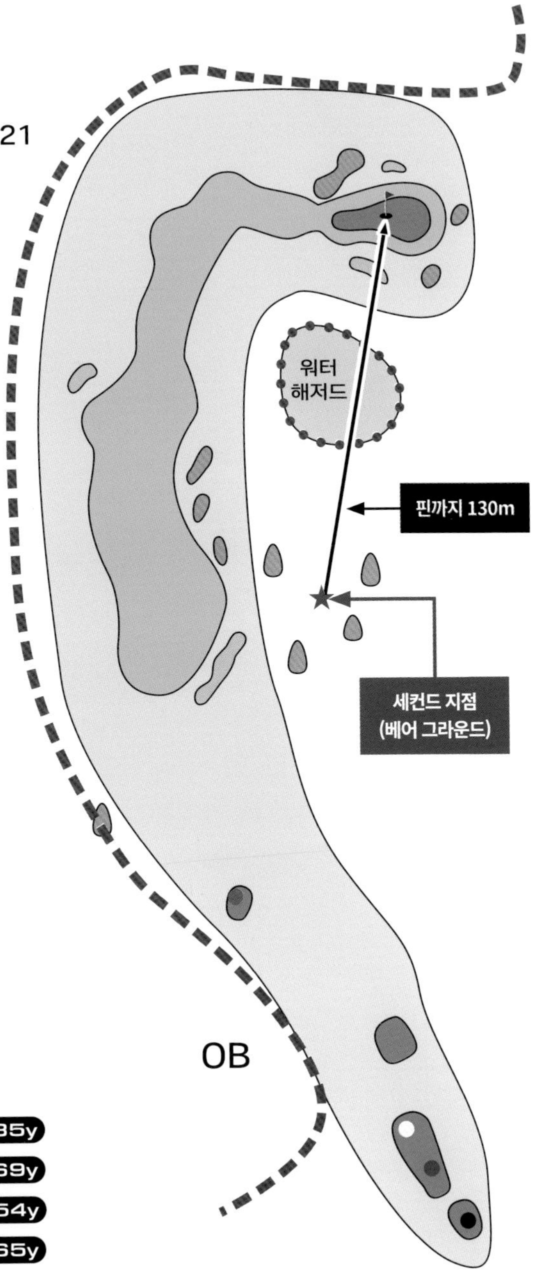

PGM 마리아 골프 링크스 5번 홀

PAR 4

● Champion	352m	385y
● Back	337m	369y
○ Regular	324m	354y
● Ladies	242m	265y

A7

초급 레벨

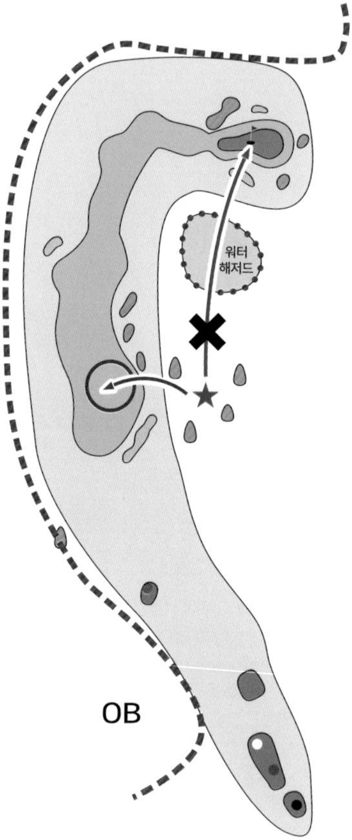

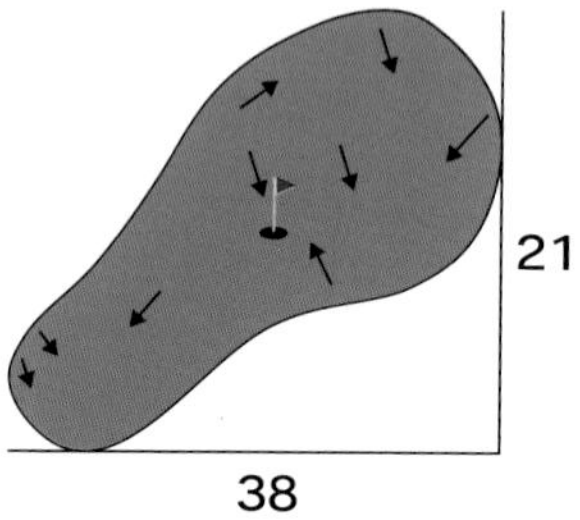

'고민하지 말고 왼쪽 페어웨이로 보내기'가 이 상황에 적합하다.

낮게 띄우면서도 나무 사이를 통과하는 샷을 성공시킬 확률은 극히 낮다. 만에 하나 잘 맞는다고 해도 그린 앞뒤로 벙커가 자리 잡고 있어 볼을 온 그린하기는 쉽지 않다. 안전하게 착지할 수 있는 폭이 굉장히 좁기 때문이다. 여기에서는 가까운 페어웨이로 보내는 선택지가 좋다. 정석대로 가자.

실전 고수의 비밀 노트

상황 설명에서 나온 '전반 5번 홀'이 키포인트다. 여기서 괜히 무리했다가 그날 하루를 통째로 날리게 되면 너무 아깝다. 이 상황에선 '보기나 더블 보기를 해도 괜찮아' 하고 마음을 다잡는 것이 중요하다!

A7 중상급 레벨

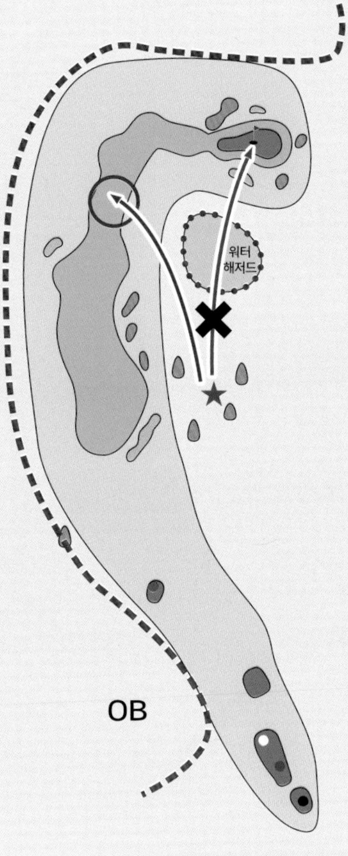

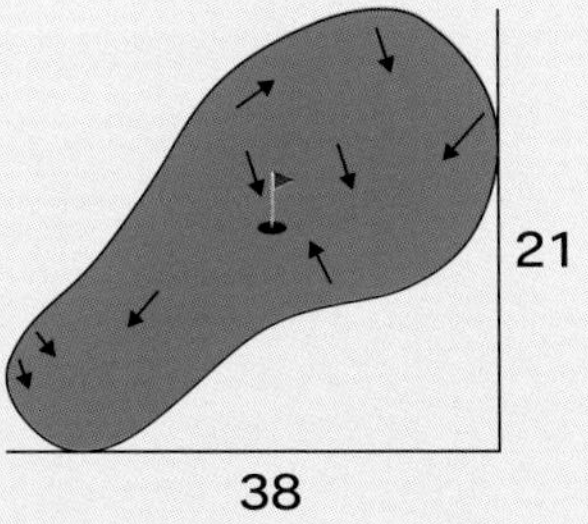

'페어웨이로 레이업'이 가장 괜찮은 방법으로 보인다.

핀의 위치에 따라 그린을 바로 노려도 괜찮지만, 실패의 대가가 무척 크다. 여기서 미스 샷이 나오면 다음 홀 이후의 플레이까지 여파를 미칠 가능성이 높다. 예를 들어 핀 위치가 그린 오른쪽 끝이라면 그린에 올릴 가능성이 커지지만 낮게 뜬공을 그린 위에 멈춰 세우기란 굉장히 어렵다. 그러니 여기에서는 공격적인 레이업을 취해, 서드 샷 그리고 다음 차례에서 칠 퍼팅을 성공시키는 데 최대한 집중하자. 파만 달성해도 성공이다. 앞으로의 플레이에도 좋은 영향을 줄 것이다.

원 포인트 어드바이스

전반부터 교감 신경을 자극하는 시도를 하면 후반에 체력과 집중력이 모두 무너져버릴지도 모르니 주의하자!

Q8

레귤러 티 (화이트 티)에서 티 샷을 날릴 차례다. 어디를 노려야 안전할까?

상황

파3 홀로 핀까지 거리는 115미터다. 바람은 오른쪽에서 불어온다. 워터 해저드는 핀 직선 방향으로 100미터면 넘을 수 있다.

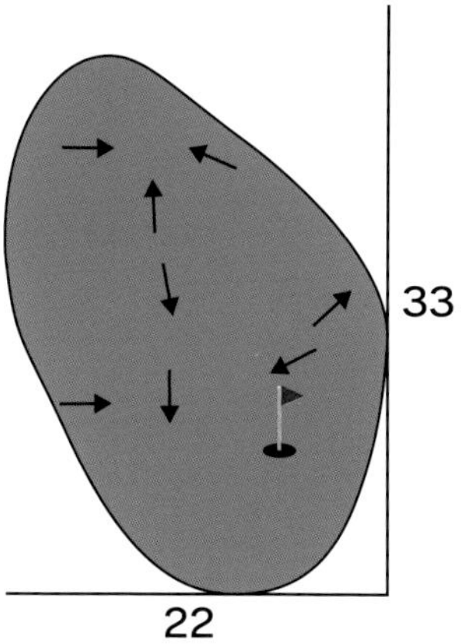

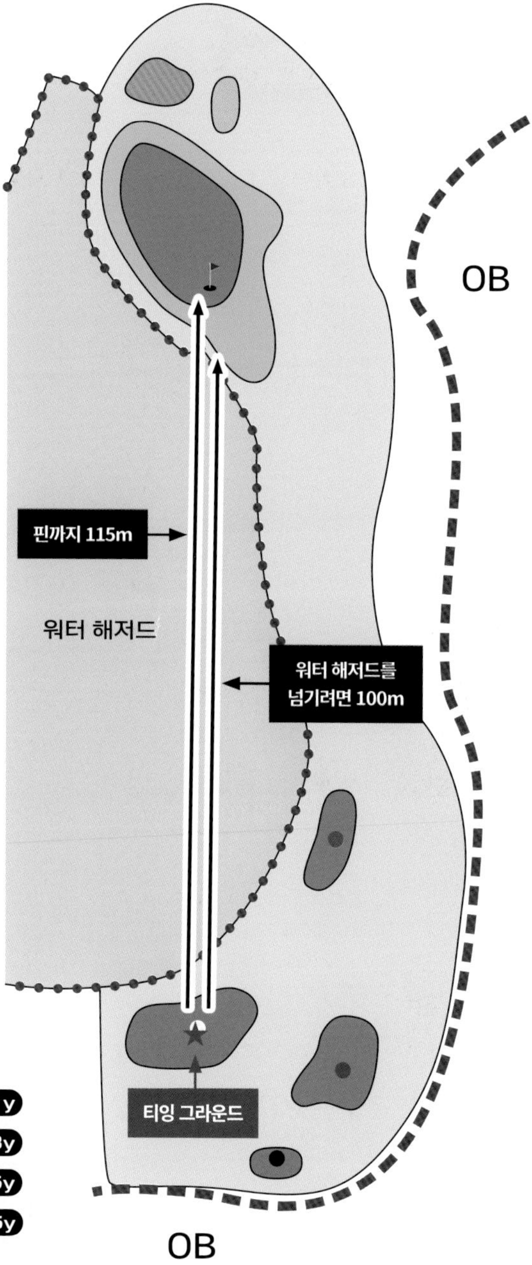

PGM 마리아 골프 링크스 6번 홀

PAR 3

● Champion	147m	161y
● Back	135m	148y
○ Regular	123m	135y
● Ladies	96m	105y

A8 초급 레벨

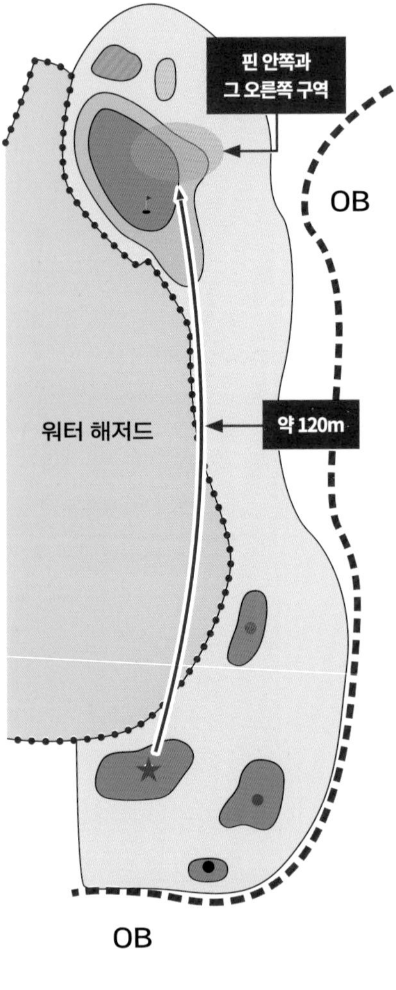

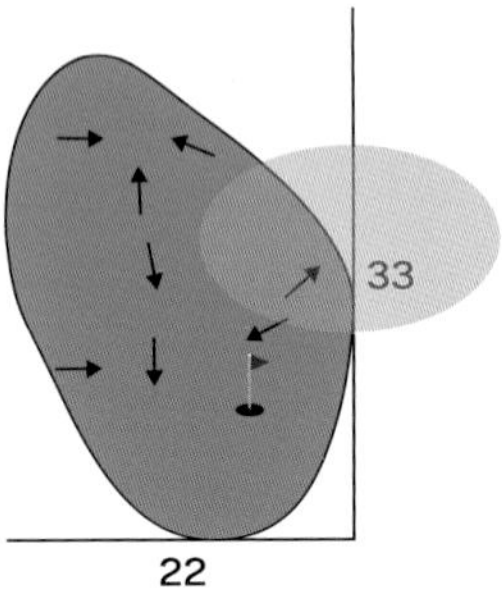

핀 안쪽부터 오른쪽 구역을 향해 120미터 정도의 거리로 치는 것이 바람직하다.

'해저드에 퐁당'만은 피하고 싶은 홀이다. 따라서 '보기 이하로만 마무리하자'고 생각하며 평소보다 한 클럽 크게 잡자. 직선 혹은 살짝 오른쪽을 노려보자.

실전 고수의 비밀 노트

워터 해저드든 무엇이든 공을 잘 넘기고 싶으면, 정해놓은 거리로 공을 보내는 연습을 반복하자. 볼을 어디로 보내면 되는가에만 집중할 수 있어 중간에 있는 해저드는 신경 쓰이지 않게 된다!

A8

중상급 레벨

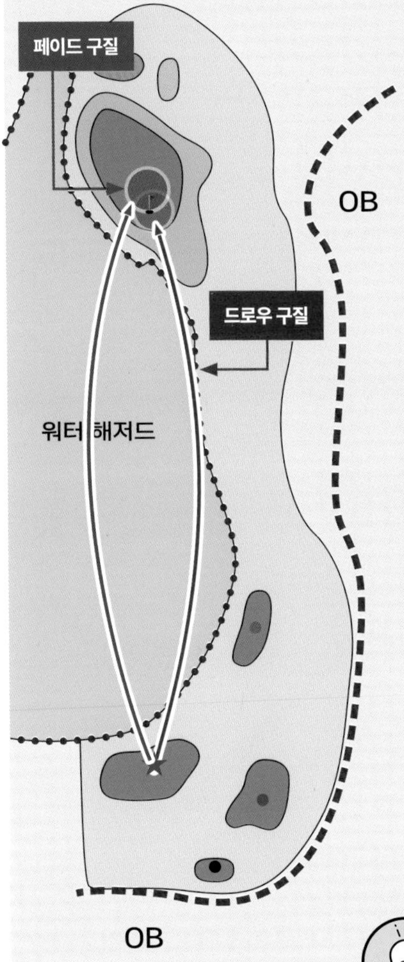

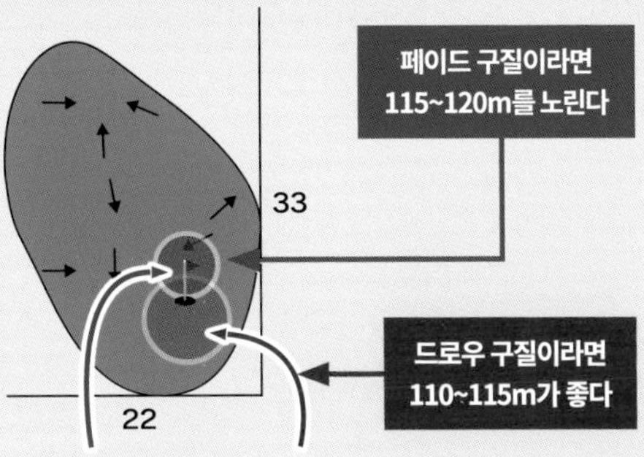

이 정도 거리에서는 **자신 있는 구질로 확실하게 핀을 노려보자**.

드로우 샷이 자신 있다면 왼쪽으로 휘어 해저드에 빠지는 것은 피하고 싶을 테니 그린 오른쪽 사이드로 들어간다는 이미지를 그리자. 오른쪽에서 불어오는 바람을 타면 뜨기 쉬운 만큼, 거리는 110~115미터 정도로 치면 좋다. 페이드 구질의 플레이어라면 핀을 향해 치면 된다. 단, 페이드 샷은 오른쪽에서 불어오는 바람 때문에 비거리가 줄어들 수도 있으니 115~120미터 정도로 치는 게 이상적이다.

원 포인트 어드바이스

짧은 거리의 샷은 자신 있게 칠 수 있는 구질을 평소에 충분히 연습해두자!

Q9

오른쪽 지도는 파3 홀이다. 티 샷은 어디로 보내야 할까?

상황

핀까지 거리는 레귤러 티에서 125미터로, 핀은 그린 중앙에 있다. 약한 뒤바람이 불고 있다.

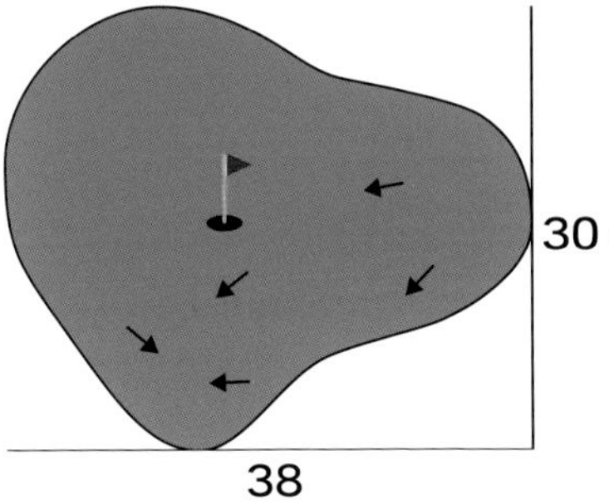

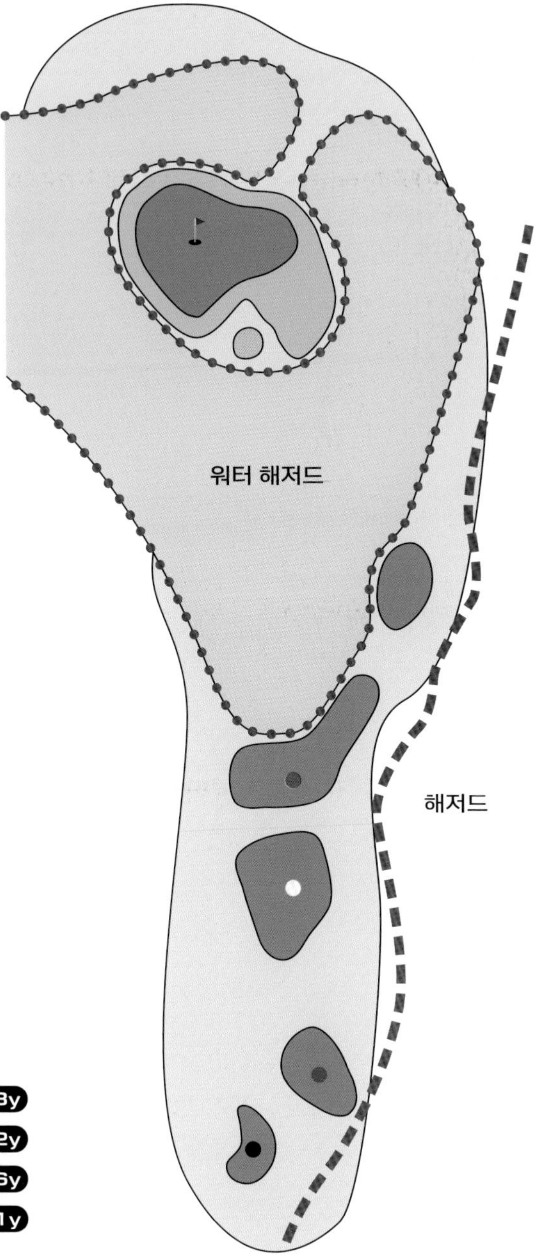

PGM 마리아 골프 링크스 17번 홀

PAR 3

● Champion	167m	183y
● Back	157m	172y
○ Regular	124m	136y
● Ladies	101m	111y

A9 초급 레벨

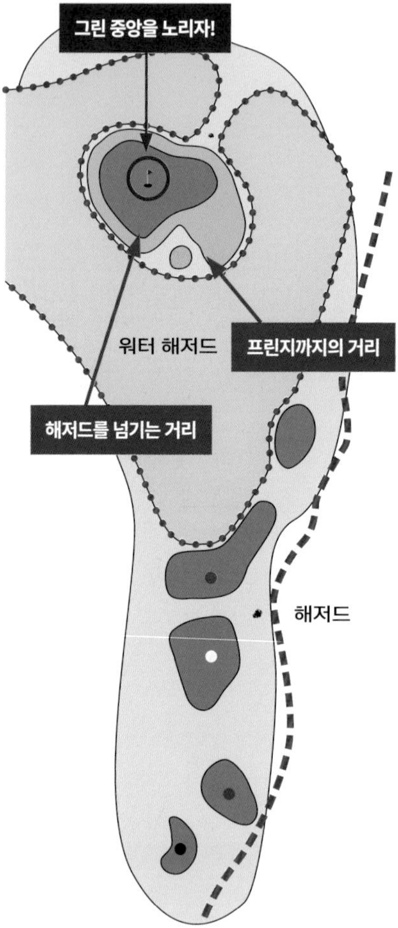

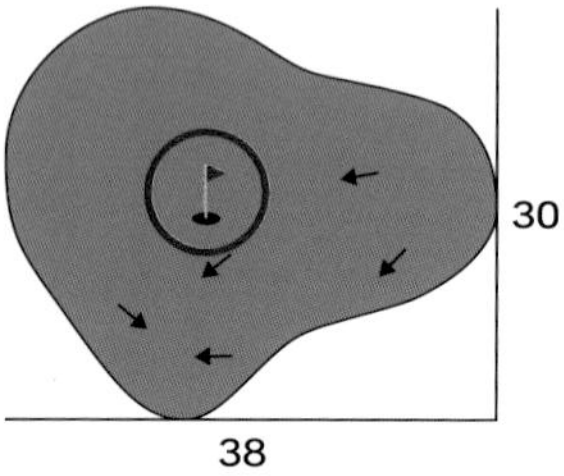

'그린 중앙을 노려라'가 정답이다.

이번 홀은 도망칠 곳이 없다. 자신이 할 수 있는 일(티 샷)에 얼마나 집중할 수 있는지가 관건이다.

신경 써야 할 부분은 그린 뒤에도 해저드가 있다는 점이다. 그린 앞 해저드에 볼을 빠트리고 싶지 않아 긴 클럽을 선택하고 싶겠지만, 그렇게 하면 뒤쪽 해저드에 빠질 확률이 높아진다. 프린지까지의 거리 혹은 해저드를 뛰어넘을 수 있는 거리를 확실하게 인식한 뒤 캐리로 몇 미터를 보낼 것인지 결정하자. 거리와 방향에만 집중할 수 있다면 성공 확률은 높아질 것이다.

A9 중상급 레벨

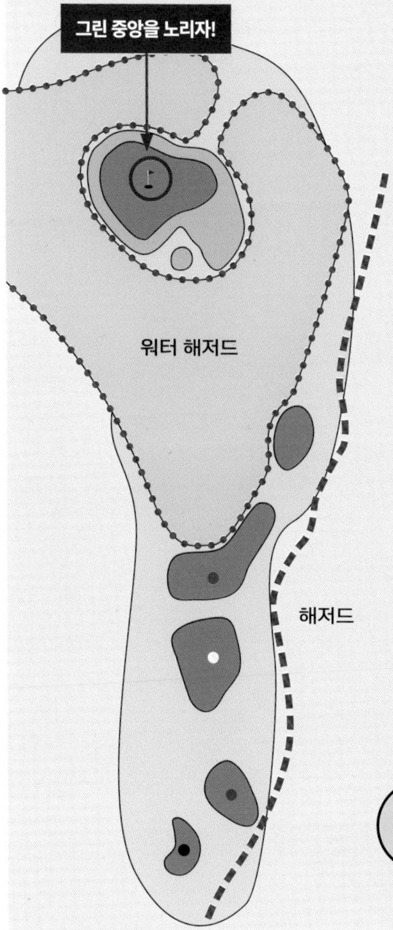

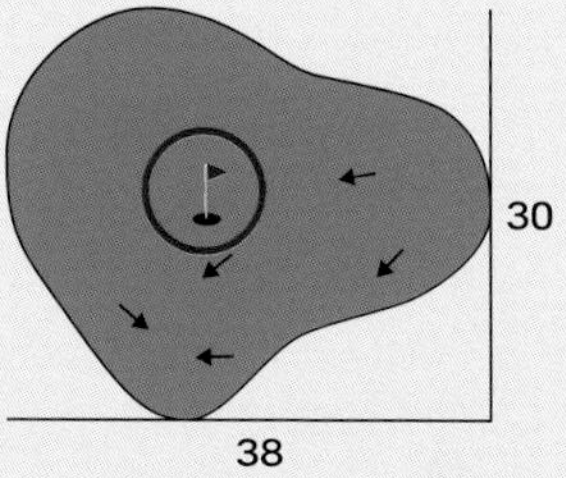

초급 레벨과 마찬가지로 **그린 중앙을 노리는 것**이 정답이다.

이번 홀에는 도망칠 곳이 없으니 플레이어의 실력에 상관없이 답은 같다. 반드시 버디를 쳐야만 하는 상황이 아니라면 해저드에 빠트리지 않는 것이 최우선이다. 따라서 그린 중앙을 노리면 되는데, 이는 곧 목표 구역을 넓게 가져갈 수 있다는 의미다. 물론 자신의 구질이 명확하다면 목표 지점을 그린 좌우로 살짝 조정해도 좋다.

원 포인트 어드바이스

어려운 상황일수록 그린 중앙을 노려라. 이러한 아일랜드 그린(주위가 워터 해저드로 둘러싸여 있는 섬 형태의 그린)을 공략하기 위해서는 평소에 볼의 낙하지점, 즉 캐리 거리를 의식하며 연습하는 것이 중요하다!

Q10

오른쪽과 같은 홀에서 공이 그린을 벗어났다면, 어프로치 샷이 가장 쉬운 지점은 어디일까? 반대로 가장 어려운 지점은?

상황

파4 홀 세컨드 샷 차례다. 그린 위의 경사가 복잡해 투 온은 쉽지 않다. 힌트는 아래의 홀 전략에 숨겨져 있다.

- 홀 전략: 꾸준히 오르막인 파4 홀입니다. 티 샷은 똑바로 센터를 노리세요! 중앙이 높은 말의 등 같은 그린이라 공을 올리더라도 흐르기 쉬우니 핀 위치를 미리 확인해 두세요.

※ 이번 문제는 초급 레벨과 중상급 레벨의 해답이 같음

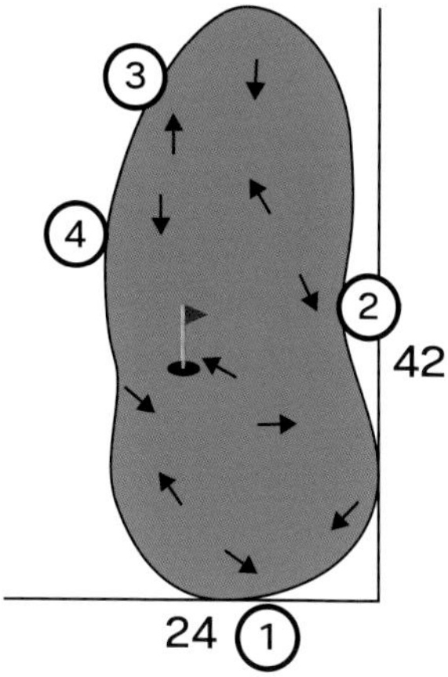

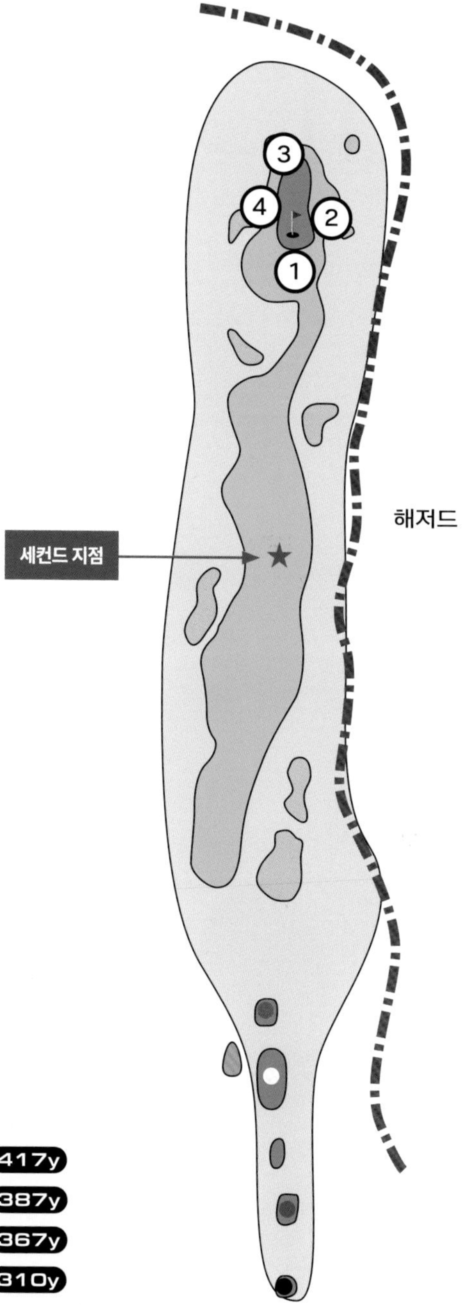

PGM 마리아 골프 링크스 16번 홀

PAR 4

● Champion	381m	417y
● Back	354m	387y
○ Regular	336m	367y
● Ladies	283m	310y

A10

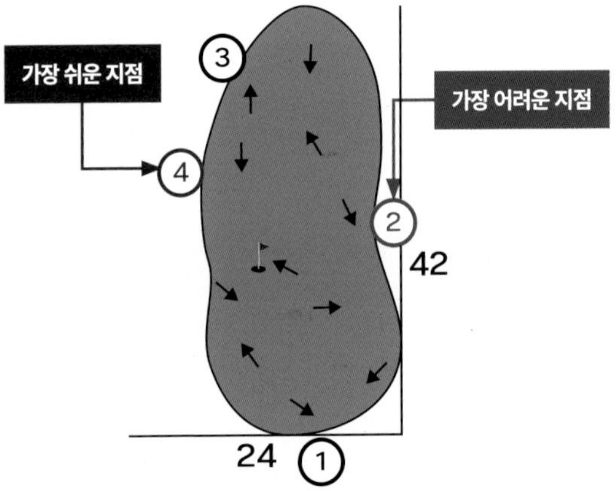

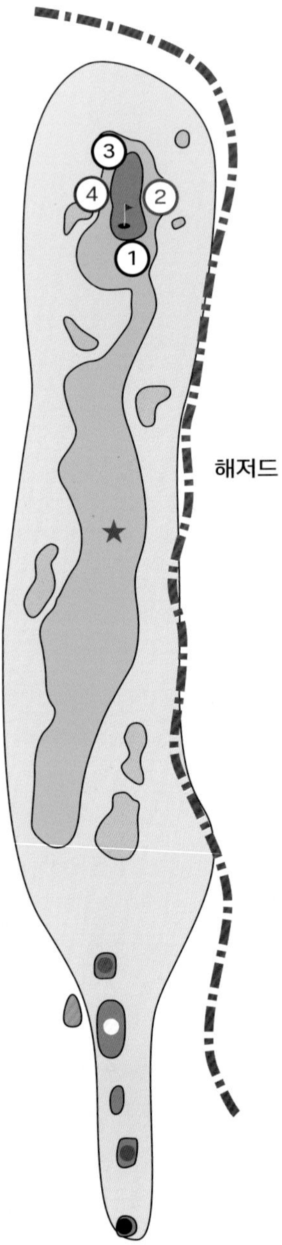

④가 가장 쉽고 ②가 가장 어렵다.

기본적으로 오르막 어프로치가 쉽다는 사실을 이해하고 있으면 간단한 문제다.

②에서 어프로치 하면 오르막 뒤에 바로 내리막이 있는 상황으로, 어프로치 거리가 짧거나 혹은 길어질 리스크가 있다. 티 샷을 할 때부터 그린을 벗어난다는 전제하에 핀 혹은 살짝 왼쪽 사이드로 치면 ②의 위치까지 흐르니 주의하자.

①의 위치에서도 올라갔다가 내려가는 라인이 된다. 띄우든 굴리든 어느 쪽이라도 어려운 상황이다.

③지점은 두 번째로 쉬운 위치다. '벗어나더라도 ③ 또는 ④'라는 생각을 가지면 세컨드 샷은 자연스레 '핀까지의 거리 혹은 살짝 길게'라는 느낌으로 칠 수 있다. 이는 리스크를 피하는 접근법이라는 측면에서 정답이라 할 수 있다.

원 포인트 어드바이스

그린 형태나 경사, 핀의 위치를 알면 목표 지점이 바뀌기도 한다. 최근에는 카트에 GPS가 달린 경우도 많아 코스 및 그린 정보를 확인하기 쉽다.

Q11

홀컵에 넣기 가장 어려운 퍼팅 지점은 어디일까?

상황

그린은 오른쪽 그림과 같이 원형이다. 잔디 결은 논외로 하고, 퍼팅하는 위치와 경사로 판단해 보자.

※ 이번 문제는 초급 레벨과 중상급 레벨의 해답이 같음

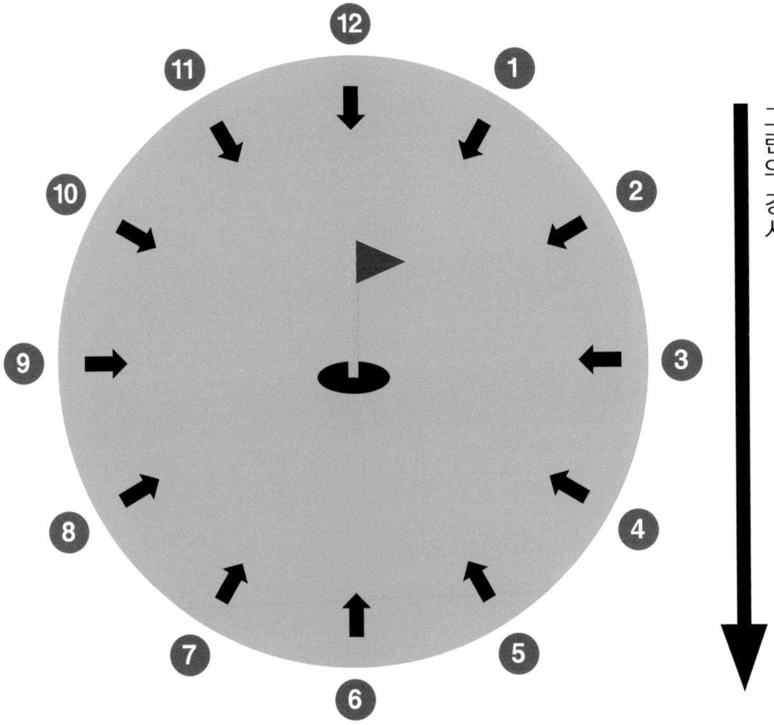
12
1
2
3
4
5
6
7
8
9
10
11
그린의 경사

A11

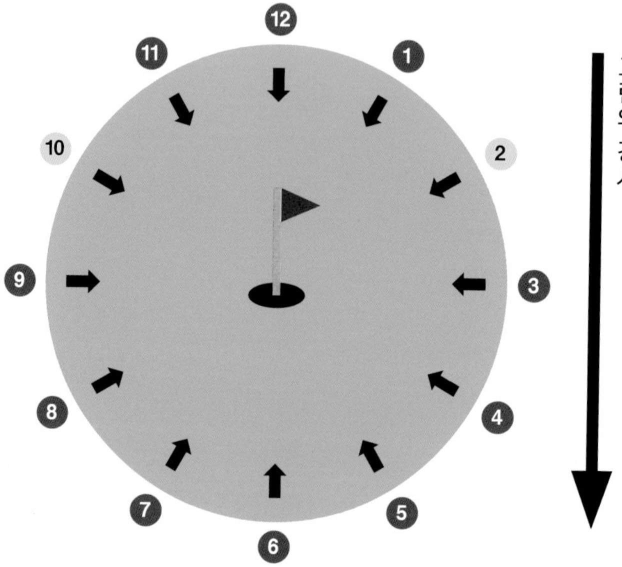

②와 ⑩이 홀 인 하기 가장 어려운 위치이다. 내리막이면서 휘어지는 폭이 크기 때문이다.

휘어지는 폭이 크다는 것은 퍼팅할 때 방향성뿐만 아니라 세기까지 정확해야 한다는 뜻이다. 약하게 치면 크게 휘어지고, 반대로 너무 강하면 적게 휘어진다. 내리막 경사까지 있다 보니 크게 오버하면 돌아오는 퍼팅까지 홀을 지나치면서 쓰리 퍼트할 확률이 높다.

홀컵 가장자리를 타고 공이 들어가려 할 때도 내리막 경사에서는 쉽게 들어가지 않는다. 경사에 따라 차이는 있지만, 오르막 라인에서는 평평한 라인에서 칠 때보다 속도가 쉽게 줄어들기 때문에 홀컵 가장자리에 공이 살짝만 닿아도 빨려 들어간다.

롱 퍼트에서 거리를 맞출 때도 오르막 라인에서는 점점 감속한다고 생각하면 쉽다. 반면 내리막 라인은 속도가 줄지 않는 구역과 줄어들기 시작하는 구역까지 읽을 필요가 있어 더욱 섬세한 터치가 필요하다.

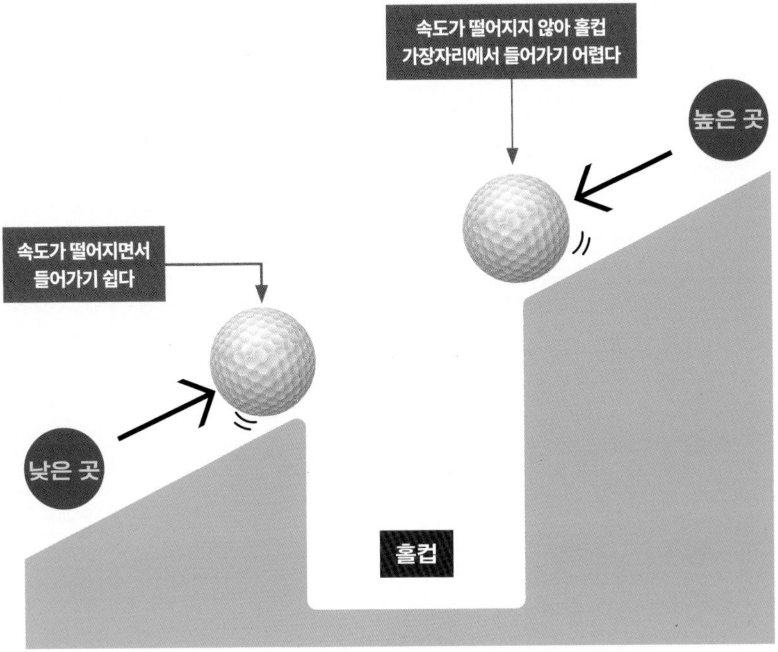

원 포인트 어드바이스

'내리막=약하게 친다=휘어지는 폭이 크다'라는 공식을 기억해두자. 위 그림과 같이 실질적으로 내리막 경사는 오르막에 비해 홀컵이 작아진다(들어가는 구역이 좁아진다). 피할 수 있다면, 내리막 경사에 놓이지 않도록 어프로치 하자.

Q12

투 퍼트로 마무리하려면 어디에 신경 써야 할까?

상황

그린에 올라왔다. 홀 인 하기 어려운 경사인 내리막 슬라이스 라인과 내리막 훅 라인에서 퍼팅을 해야만 한다.

※ 이번 문제는 초급 레벨과 중상급 레벨의 해답이 같음

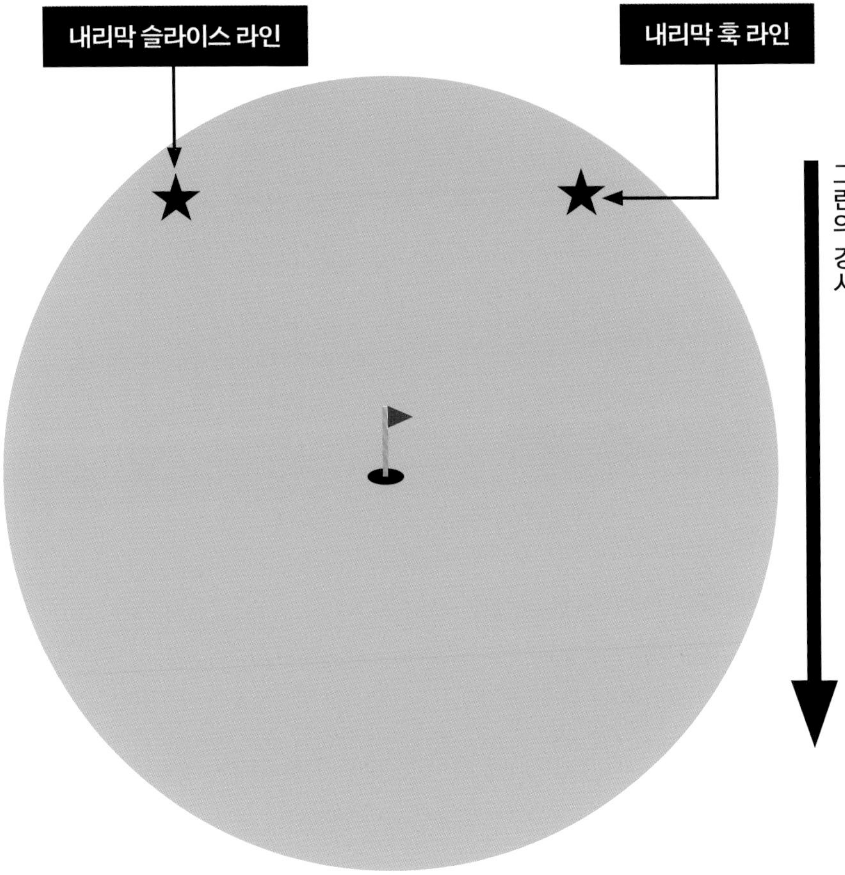
내리막 슬라이스 라인
내리막 훅 라인
그린의 경사

A12

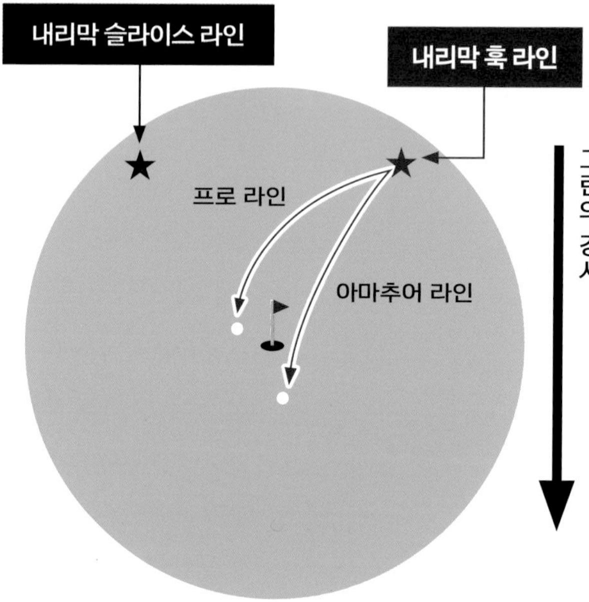

'컨시드'를 목표로 어쨌든 크게 읽는 것이 이상적이다. 이를 '프로 라인'이라고 한다.

내리막으로 휘어지는 라인일 때 가장 주의해야 할 점은 라인을 작게 읽으면(아마추어 라인) 공이 홀컵보다 앞쪽으로 휘어지면서 내리막 경사에 의해 홀컵에서 멀어지게 된다는 점이다.

같은 강도로 퍼팅하더라도 휘어지는 폭을 크게 읽었을 때와 작게 읽었을 때 공이 멈추는 위치는 크게 달라진다. '오르막을 남기는 일'이 퍼팅의 기본으로 여겨지는 이유다. 그러나 이번 상황에서는 다음 차례에 내리막 퍼팅을 해야 하는 경우가 거의 생기지 않는 만큼 '붙이자'라는 마음으로 퍼팅에 임하자. 그 결과, 우연히 들어가면 행운이다. 이 상황과 같은 어려운 라인에 있어도 '어떻게 해서든 넣고 싶다'라는 마음이 든다면, 라인을 작게 읽으면서 강하

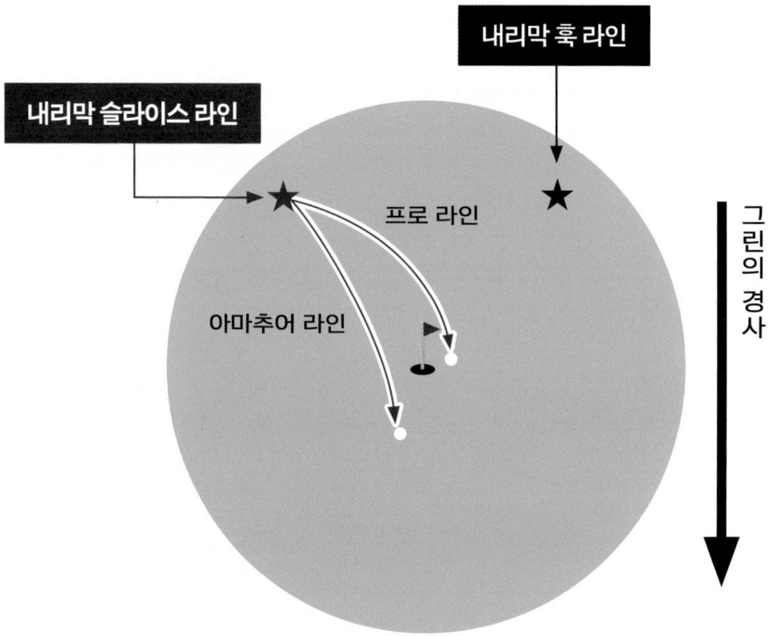

게 치는 방법도 있다. 터치(거리감)를 맞춰 휘어지는 폭을 크게 읽는 것에 비해 들어갈 가능성이 약간 커진다. 하지만 홀을 지나치게 되면 쓰리 퍼트하게 될 수도 있다. 마지막 홀에서 위험 부담을 지더라도 승부를 봐야만 하는 이유가 있다면 시도해 볼 만하다.

원 포인트 어드바이스

내리막 경사에서 퍼팅할 때는 짧은 거리라도 쓰리 퍼트하게 될 가능성이 높다. '넣는다'가 아니라 '붙인다'라는 사고방식이 쓰리 퍼트를 피하는 기본자세다.

Q13

이 상황에서 몇 미터 지점으로 레이업하면 좋을까?

상황

파5 홀 세컨드 샷 지점으로 핀까지는 210미터가 남았다. 그린 주변에는 반드시 피해야만 하는 벙커가 여럿 있으며, 페어웨이를 벗어나면 경사가 심한 러프가 기다리고 있다.

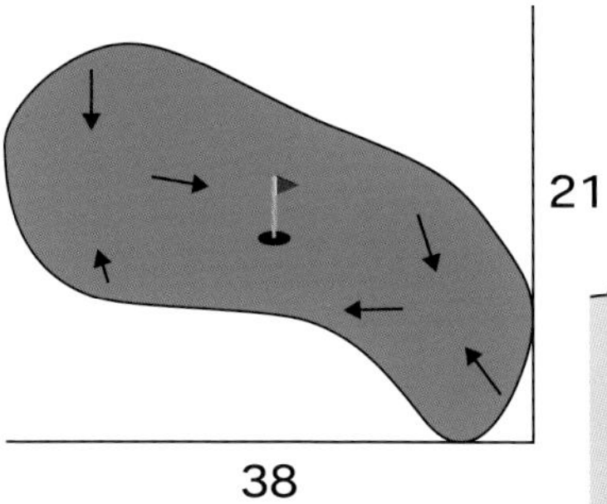

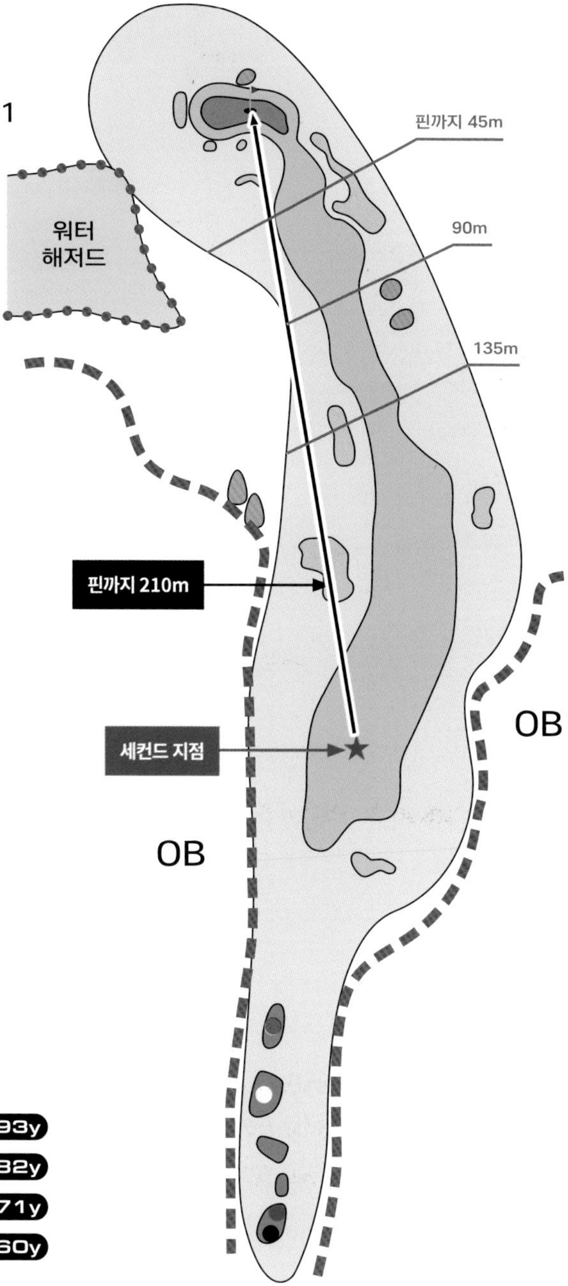

PGM 마리아 골프 링크스 10번 홀

PAR5

● Champion	451m	493y
● Back	441m	482y
○ Regular	431m	471y
● Ladies	421m	460y

A13 초급 레벨

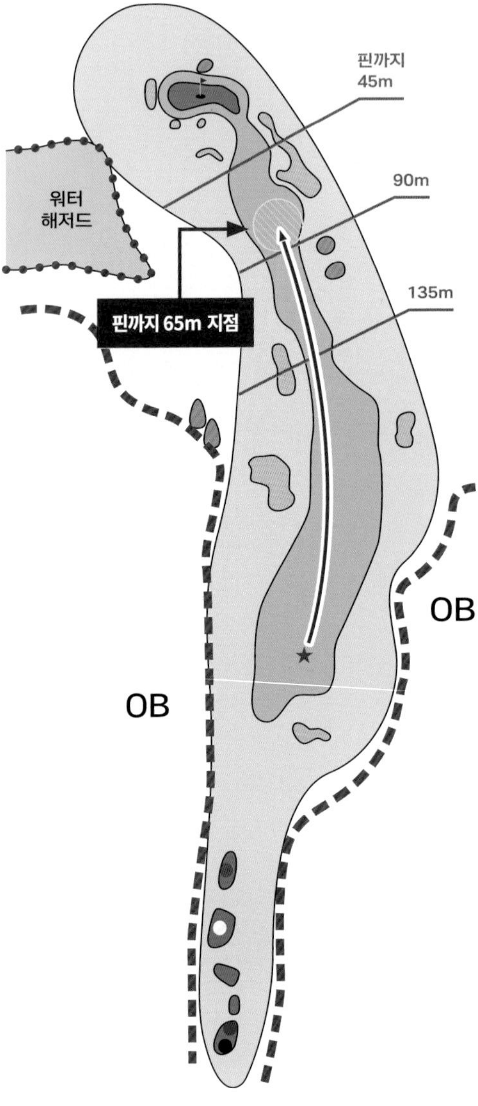

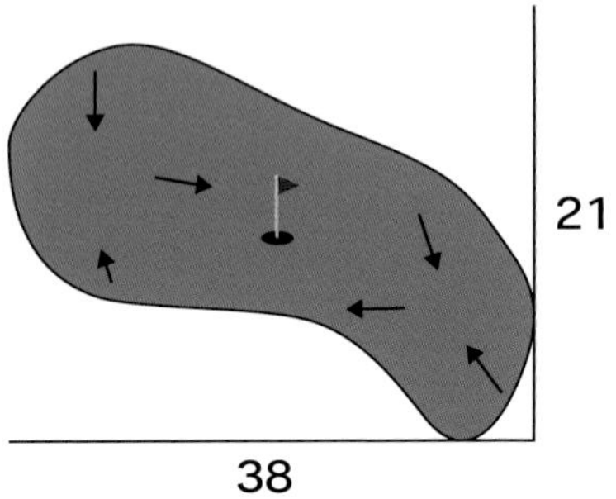

핀까지 65미터 남은 지점으로 레이업하는 것이 정석이다.

페어웨이 폭이 가장 넓은 지점으로 보내면 서드 샷 성공률이 높아진다. 쓰리온을 노린다면 반드시 페어웨이를 벗어나지 않아야 한다. 그린의 세로 폭이 좁기 때문에 서드 샷에서 온 그린하기 위해서는 스핀이 잘 먹은 샷이 필요하다는 것도 알아두자. 어프로치 샷과 벙커 샷에 자신이 있다면 그린 근처를 노리는 선택지도 있다. 다음 샷에 나쁜 영향을 끼칠 수 있다는 리스크까지 고려하여 판단하길 바란다.

A13 중상급 레벨

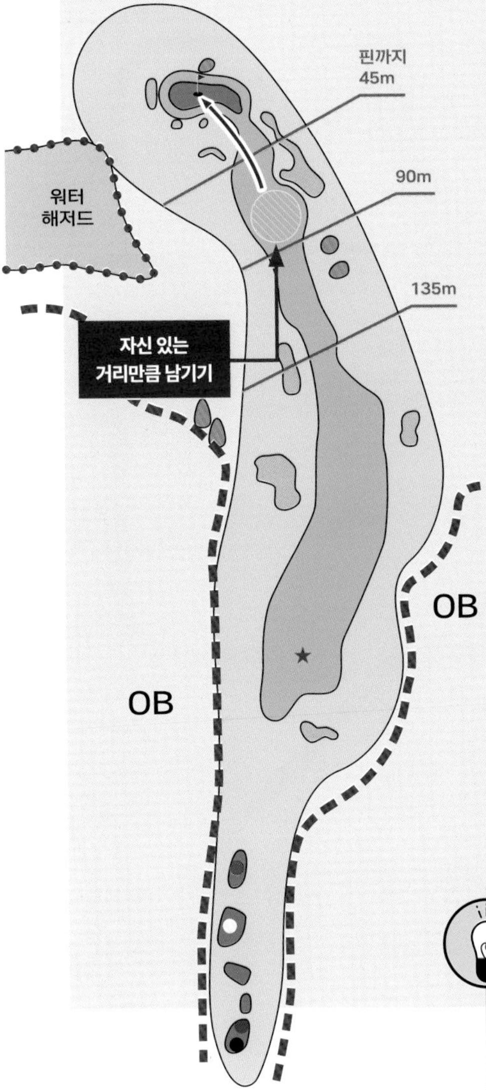

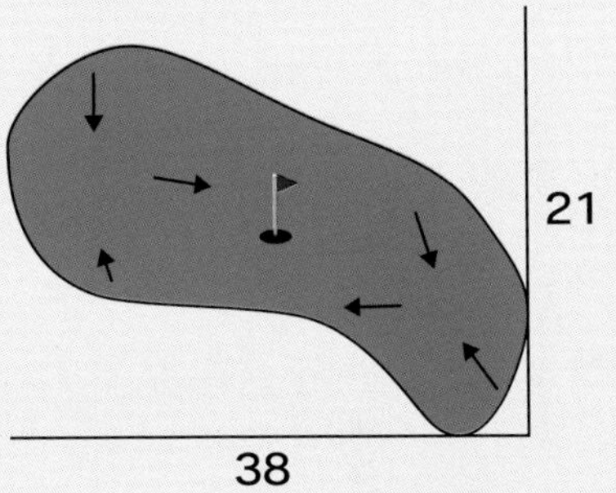

서드 샷에 자신 있는 거리만큼 남긴 지점이 정답이다. 버디 찬스까지 잡을 수 있다.

초급 레벨과 마찬가지로 이 상황에서는 65미터 남은 지점까지 치는 것이 정석이지만, 중상급자는 50미터, 60미터, 70미터 중 얼마를 남길지 명확히 정한 뒤 샷을 쳐야 한다. 반대로 말하면 본인이 자신 없는 거리가 얼마인지를 확실하게 알아두어야 한다는 이야기다.

원 포인트 어드바이스

'그린까지 조금이라도 가까이 붙이자'고 생각하면 반대로 어려운 상황에 놓일 가능성이 높아지는 홀도 있다!

Q14

이 상황에서는 어디를 노리면 좋을까?

상황

파5 홀에서 서드 샷을 칠 차례로 핀까지 거리는 100미터이다. 벙커에 빠져버린 상황이고 바람은 없다. 핀은 그린 센터에 있으며 프린지까지 거리는 85미터이다. 그린 왼쪽은 바로 OB 구역이다.

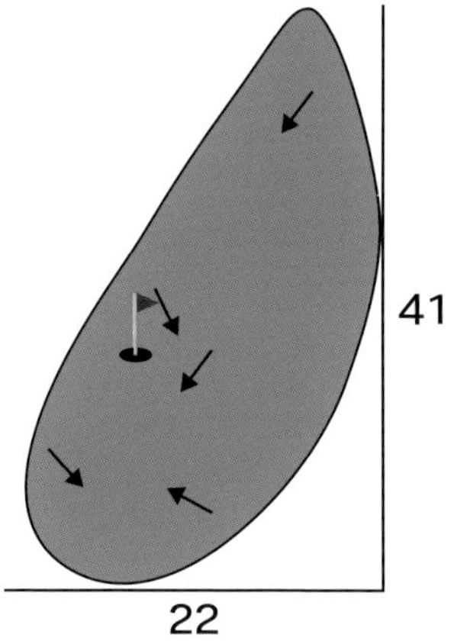

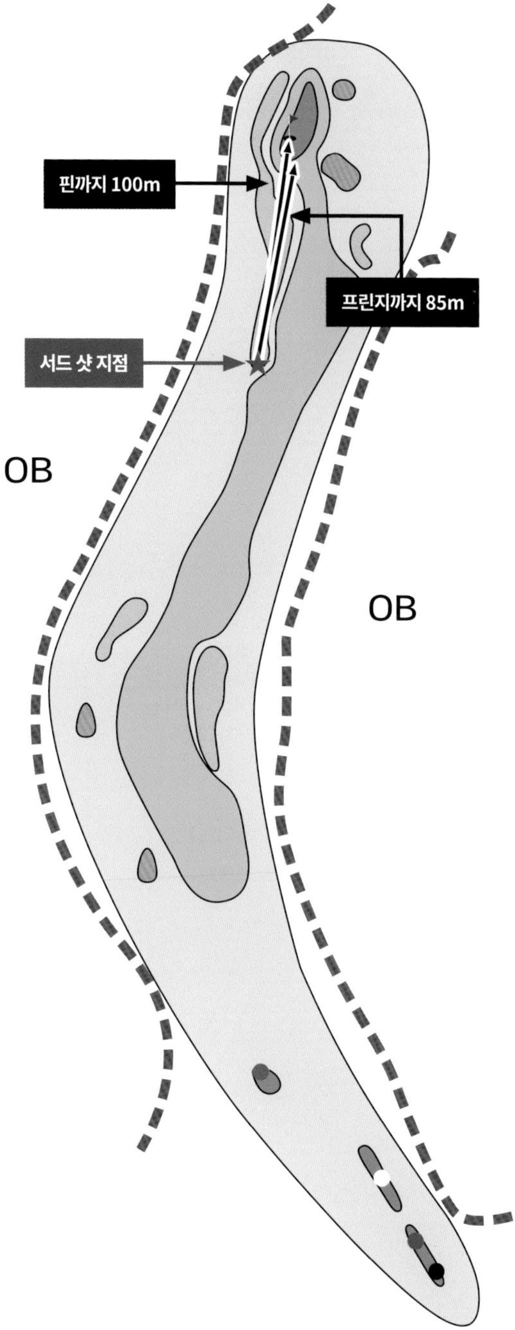

PGM 마리아 골프 링크스 7번 홀

PAR 5

● Champion	481m	526y
● Back	464m	507y
○ Regular	444m	486y
● Ladies	428m	468y

A14 초급 레벨

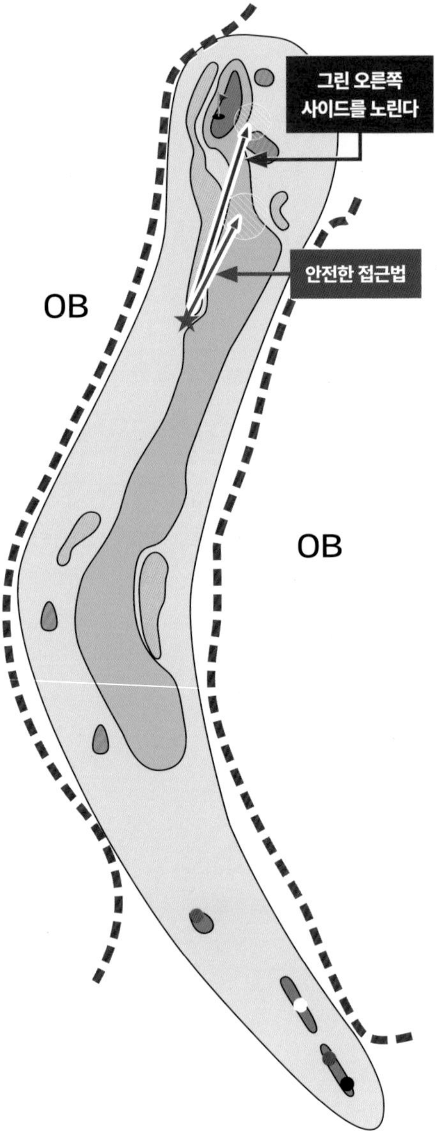

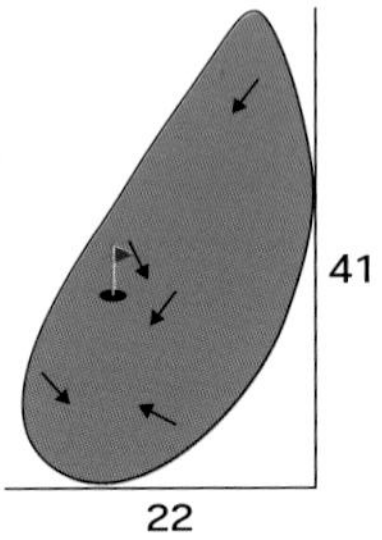

벙커 탈출을 최우선으로 하고, **그린 오른쪽 사이드 방향으로 치는 것**이 바람직하다.

그린에 붙이기 위해서는 벙커에서 피칭웨지 전후의 클럽으로 거리를 정확히 맞춰야만 한다. 하지만 프로라고 해도 숏 아이언으로 원하는 만큼 정교하게 치기란 쉽지 않다. 핀 방향을 노리다가 그린에 닿지 못한 채 벙커 샷만 몇 번이고 치는 사례를 숱하게 봐왔다. 혹여 탑핑이 된다면 그린 너머의 OB 구역으로 넘어가 버린다. 이런 상황에서는 쓰리 온은 포기하고 포 온하는 것으로 전략을 바꿔 점수를 크게 잃지 않도록 주의하자.

A14 중상급 레벨

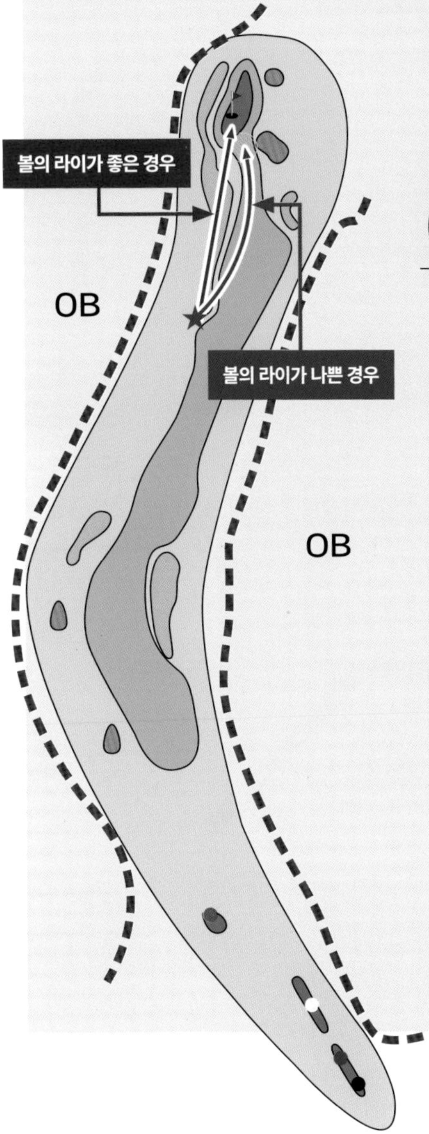

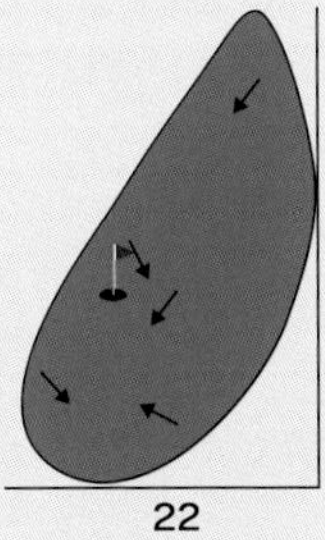

라이를 확실하게 체크한 뒤 그린을 노릴지 말지 판단하자.

어려운 상황 속에서, 그린을 노릴지 말지 판단할 가장 중요한 기준은 벙커에 빠진 볼의 라이다. 라이가 좋으면 핀을 직접 노려도 괜찮다. 라이가 나쁜 경우(볼이 모래에 박혀있는 등)엔 이야기가 달라진다. 핀 방향을 노렸다간 실패했을 때 더블 보기할 가능성이 커진다. 라이가 나쁠 때는 아쉽더라도 오른쪽 사이드의 페어웨이 혹은 프린지로 치는 방법을 선택해야 한다.

원 포인트 어드바이스

벙커에서 그린까지가 쭉 해저드라고 생각하면 얼마나 어려운 형국인지 와닿을 것이다. 안이하게 생각하면 안 되는 상황으로, 거리가 긴 벙커 샷 성공률이 평소 얼마나 되는지도 중요한 판단 기준이 된다.

Q15

이 상황에서 세컨드 샷은 어떻게 접근하면 좋을까?

상황

파4 홀의 세컨드 지점으로 핀까지 거리는 155미터다. 그린까지는 고도 차이가 10미터 정도 되는 오르막으로, 살짝 맞바람이 불고 있다.

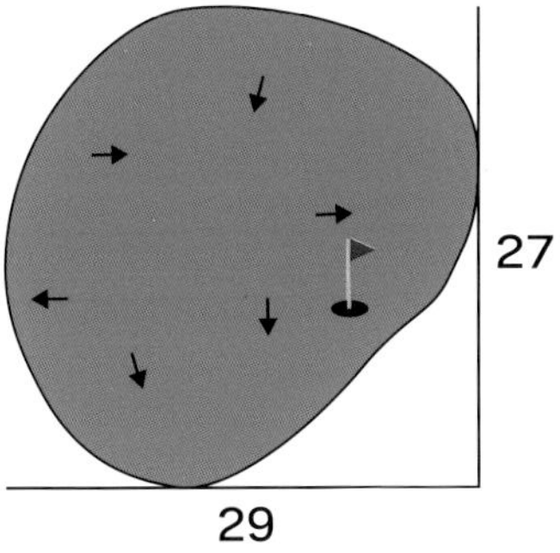

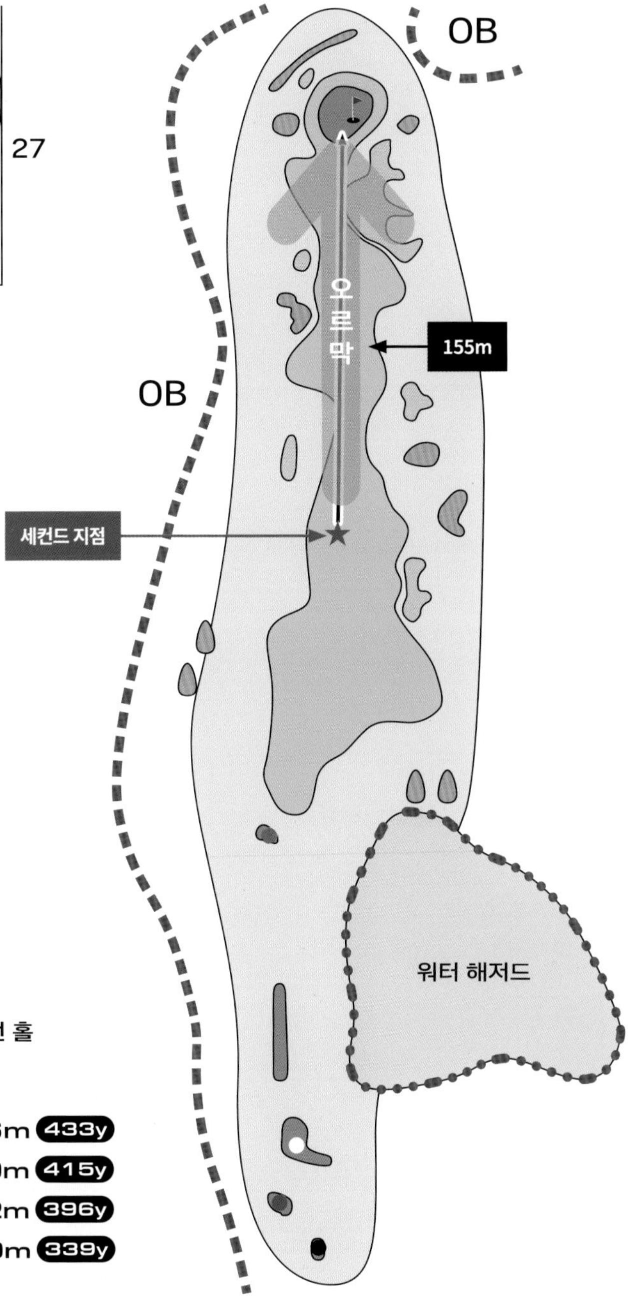

PGM 마리아 골프 링크스 9번 홀

PAR 4

● Champion	396m	433y
● Back	379m	415y
○ Regular	362m	396y
● Ladies	310m	339y

A15 초급 레벨

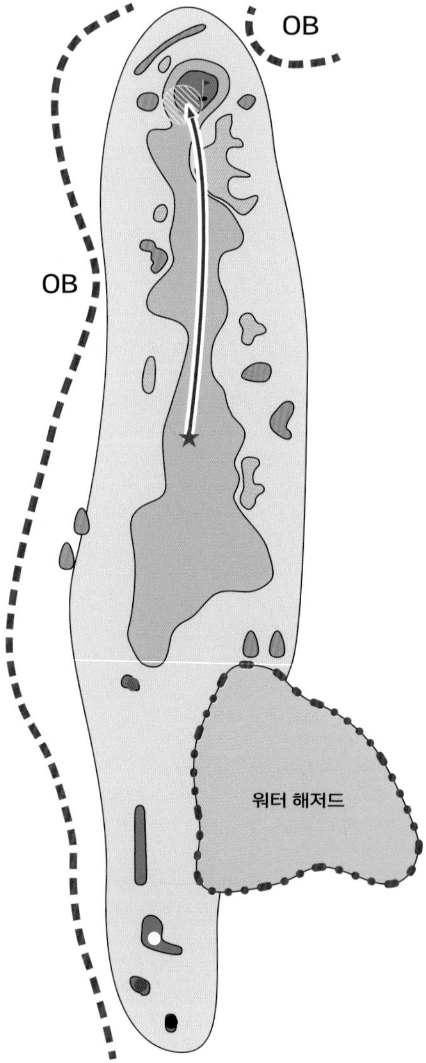

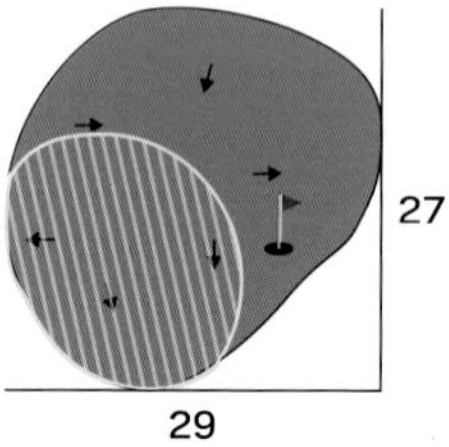

핀보다는 그린 센터 왼쪽을 향해 170미터 정도 거리로 치면 좋다.

오르막과 맞바람 때문에 공의 거리와 방향을 정확하게 컨트롤하기 어려운 상황이다. 그린 바로 앞에 있는 벙커에 빠지거나 그린 오른쪽으로 벗어나면 그다음 플레이가 한층 더 어려워지니, 웬만큼 자신 있지 않는 한 핀을 직접 노리는 것은 자제하자. 핀 왼쪽 앞을 노리거나, 그린 왼쪽으로 벗어나도 괜찮다는 마음으로 방향과 거리를 정하는 것이 좋다. 우연히 목표 지점보다 오른쪽으로 날아가 그린 중앙에 올라가면 행운이다.

A15 중상급 레벨

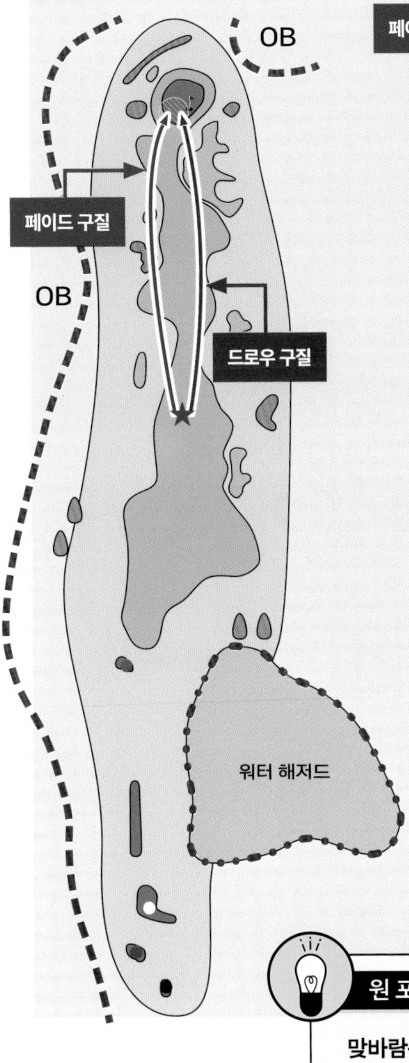

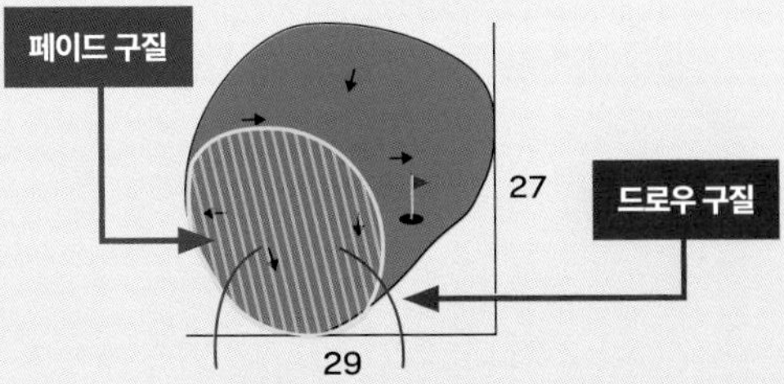

드로우 구질을 가진 플레이어는 핀 쪽으로 드로우 샷을 하는 것이 안전하다. **페이드 구질의 플레이어는 맞바람 때문에 거리가 줄기 쉬운 만큼 한 두 클럽 긴 클럽을 선택해 그린 왼쪽 사이드를 노리는 방법**이 이상적이다. 구질에 상관없이 풀 스윙은 자제할 필요가 있다.

어떤 수를 써서라도 그린 오른쪽 앞 벙커에는 빠지고 싶지 않을 것이다. 그러나 맞바람이 불고 있어서 샷이 조금이라도 제대로 맞지 않으면 거리가 짧아진다. 어떤 구질의 플레이어든 긴 클럽을 선택해야 스핀량을 줄이면서 맞바람의 저항을 낮출 수 있다. 롱 아이언은 거리감을 맞추기도 좋으니 평소 컨트롤 샷을 연습해두면 좋다. 맞바람이 불 때 빠듯한 길이의 클럽으로 풀 스윙하면 스핀량이 늘어나면서 반대로 저항이 커져 공이 잘 날지 못하는 현상이 일어난다는 사실을 명심하자.

원 포인트 어드바이스

맞바람은 설령 풍속이 약하더라도 골프를 어렵게 만든다. 특히 스핀량이 많은 플레이어는 주의하자!

Q16

파4 홀 러프에서 세컨드 샷을 칠 차례다. 어떻게 접근하면 좋을까?

상황

핀까지의 거리는 120미터로 약한 맞바람이 분다. 러프이지만 라이는 그리 나쁘지 않다. 왼쪽 앞 프린지까지는 90미터 남았다.

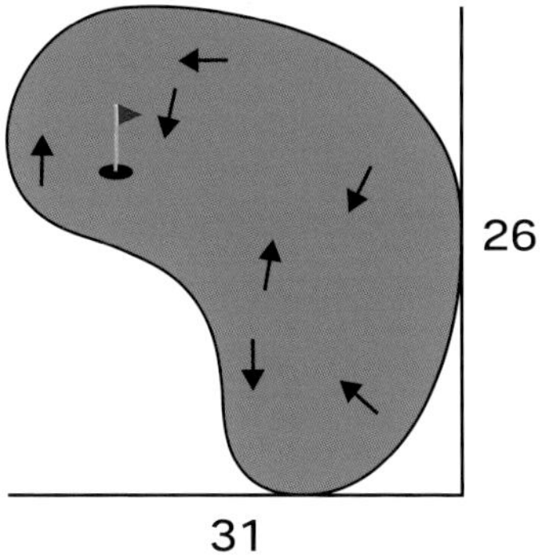

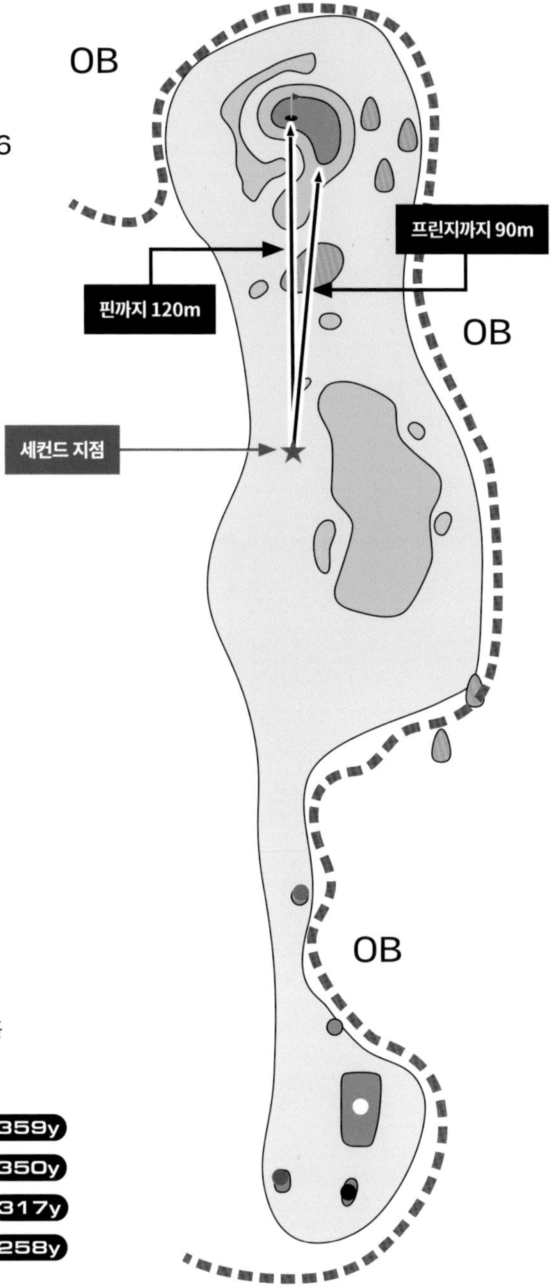

PGM 마리아 골프 링크스 12번 홀

PAR 4

● Champion	328m	359y
● Back	320m	350y
○ Regular	290m	317y
● Ladies	236m	258y

A16 초급 레벨

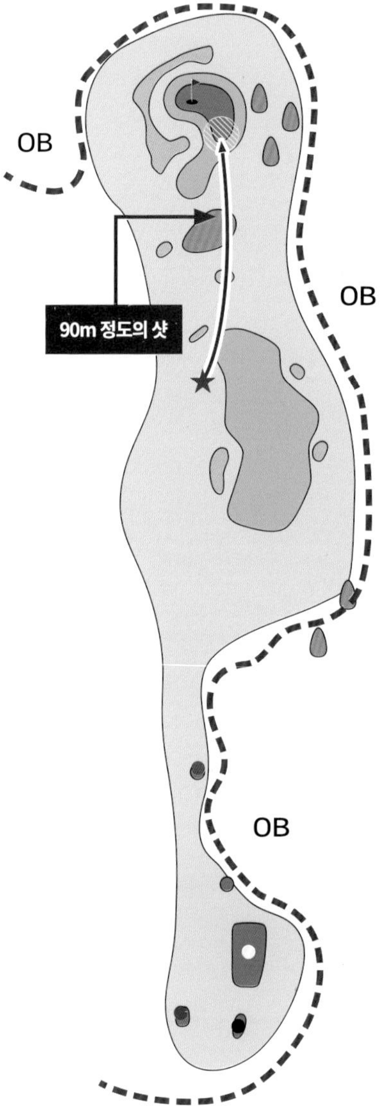

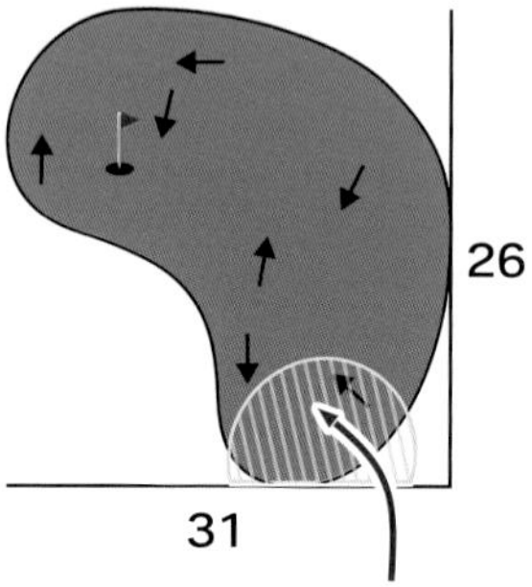

그린 오른쪽 앞에 자리한 프린지를 향해 평소 90미터 정도의 비거리가 나오는 클럽으로 치는 것이 좋다.

설령 공이 핀을 향해 똑바로 날아간다고 해도, 러프에서 친 샷은 볼이 착지한 다음에 바로 멈추지 않는 특징이 있다. 핀의 위치와 그린의 세로 폭을 고려했을 때, 핀 방향을 노리는 선택은 프로라도 보통은 하지 않는다. 특히 러프 샷은 스핀량이 줄어들면서 평소 이상의 비거리가 나오는 '플라이어'가 생기는 경우의 수도 고려할 필요가 있다. 공을 잘 쳐 낸 경우에는 플라이어로 인해 그린 중앙까지 닿을 가능성도 높다. 혹 실패하더라도 오른쪽 앞이라면 페어웨이에서 어프로치 할 수 있으니 90미터 정도의 샷이 가장 좋은 선택지라 할 수 있다.

A16 중상급 레벨

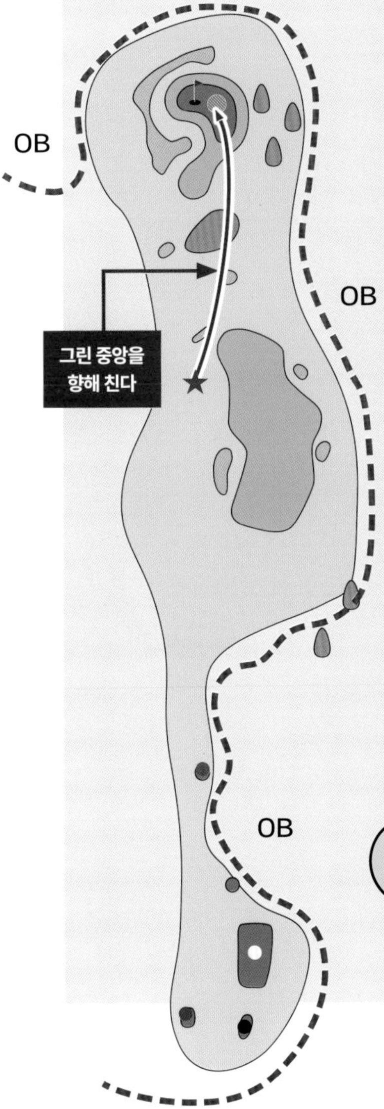

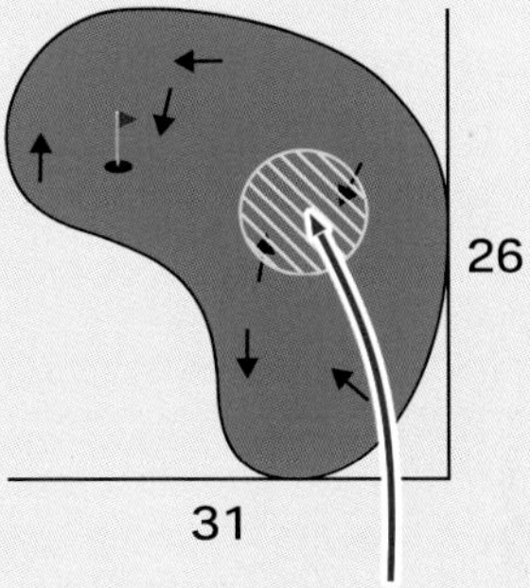

플라이어를 생각해 그린 중앙으로 치기를 추천한다.

이 상황에서 핀 방향을 노리다가 공이 핀 앞뒤로 벗어나면 더블 보기 이상의 스코어를 기록할 가능성이 매우 높아진다. 러프로 들어간 시점부터는 그린 위에 멈추는 샷이 어렵다. 동시에 플라이어를 감안하면 세로 거리감을 맞추기도 쉽지 않다. 플라이어가 생기면 10~20미터 정도 더 간다고 대개 상정하는 만큼, 핀 너머로 공이 오버되지 않으려면 평소 90미터 정도 나가는 클럽으로 치는 것이 최선이다.

원 포인트 어드바이스

어려운 위치에 있는 핀에 접근할 때는 페어웨이에서 샷을 치는 것이 필수다. 그러한 만큼 핀에서부터 거꾸로 계산한 티 샷(즉, 세컨드 샷을 어디에서 칠 것인가)이 필요하다. 한 홀을 하나의 스토리라고 생각해 흐름을 만들어보자.

Q17

파4 홀의 세컨드 지점이다. 여기에서는 어떻게 접근하면 좋을까?

상황

러프에서 세컨드 샷을 쳐야 하는 상황으로, 핀까지 거리는 155미터이며 맞바람이 불고 있다. 공은 살짝 잠긴 듯 보이며, 왼쪽 발밑이 살짝 내리막이다. 프린지까지는 135미터가 남았다. 워터 해저드를 넘기려면 90미터 이상의 거리가 필요하다.

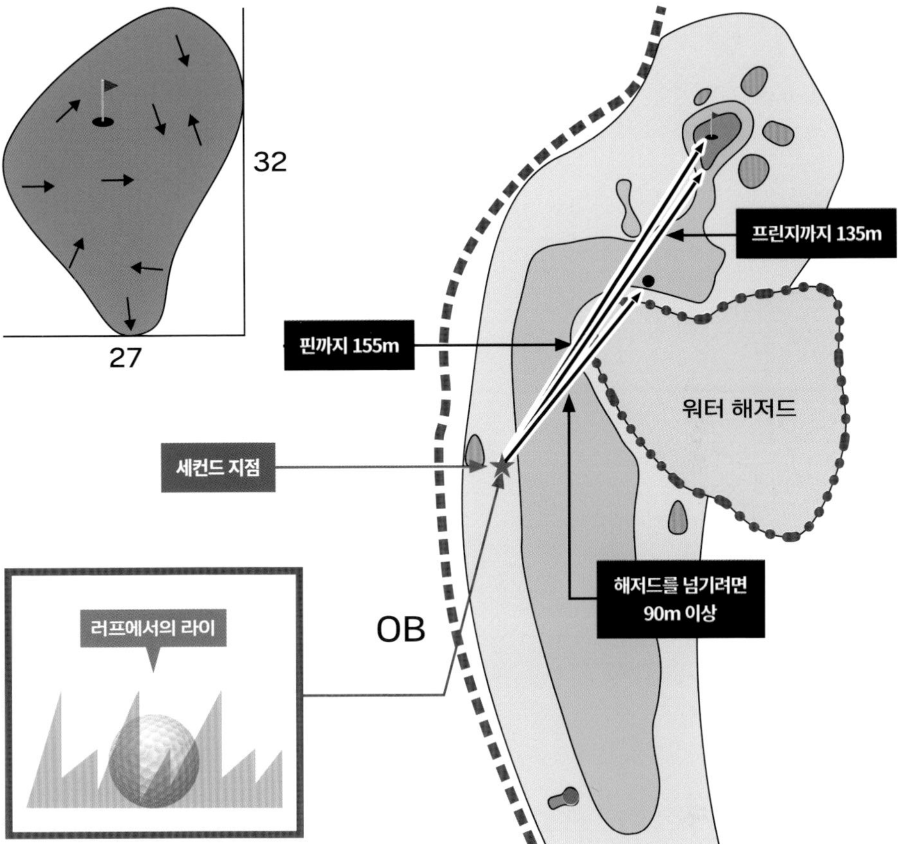

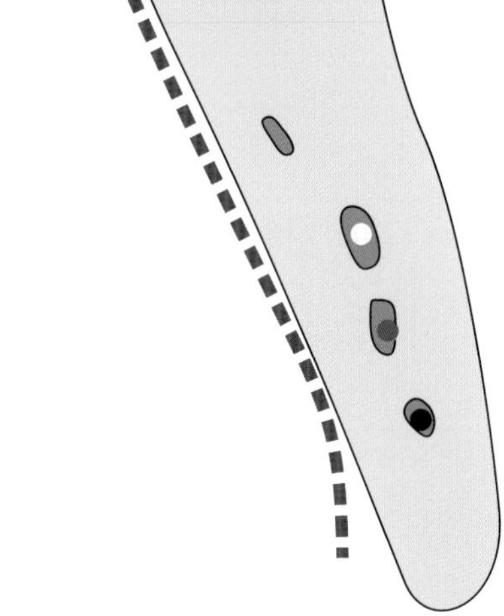

PGM 마리아 골프 링크스 8번 홀

PAR 4

● Champion	410m	448y
● Back	387m	423y
○ Regular	350m	383y
● Ladies	322m	352y

A17 초급 레벨

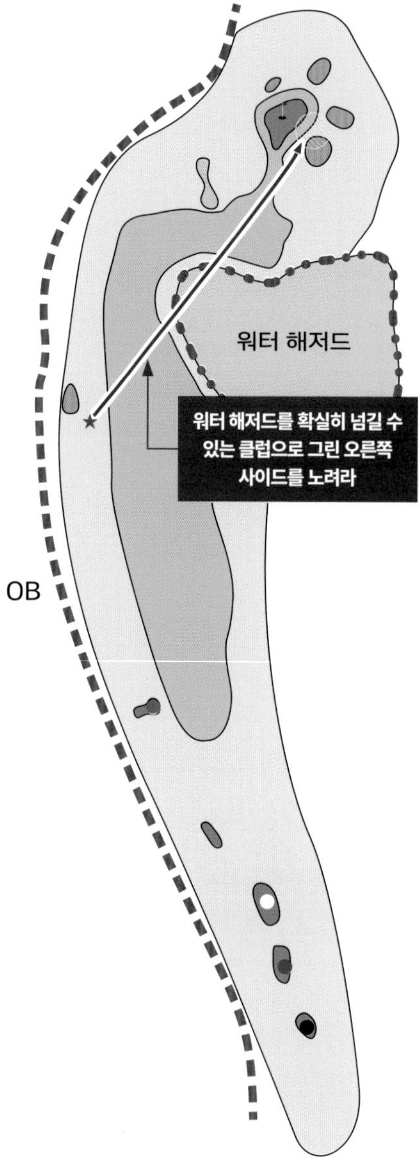

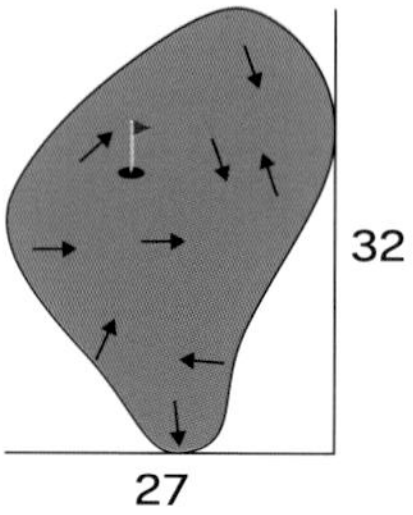

핀까지 남은 거리와 상관없이, **눈앞의 해저드를 확실하게 넘길 수 있는 미들 아이언 혹은 숏 아이언을 들고 그린 오른쪽 사이드를 향해 힘껏 휘두르자.**

러프에서 155미터를 보내려고 하면, 개인차는 있겠지만 보통 5~7번 아이언을 선택할 것이다. 로프트가 낮은 클럽으로 치면 러프의 저항도 커져서 방향성을 맞추기 쉽지 않기 때문이다(33페이지 참조). 이런 상황에서 반드시 피해야 하는 것은 왼쪽 벙커에 빠지는 일이다. 러프의 저항으로 거리가 크게 줄어 워터 해저드에 빠질 수 있으니 이 역시 주의해야 한다. 반대로 8~9번 아이언 같은 숏 아이언을 고르면 러프의 저항이 줄어서 거리감과 방향성이 원하는 대로 나올 가능성이 높아진다는 사실을 알아두자.

A17 중상급 레벨

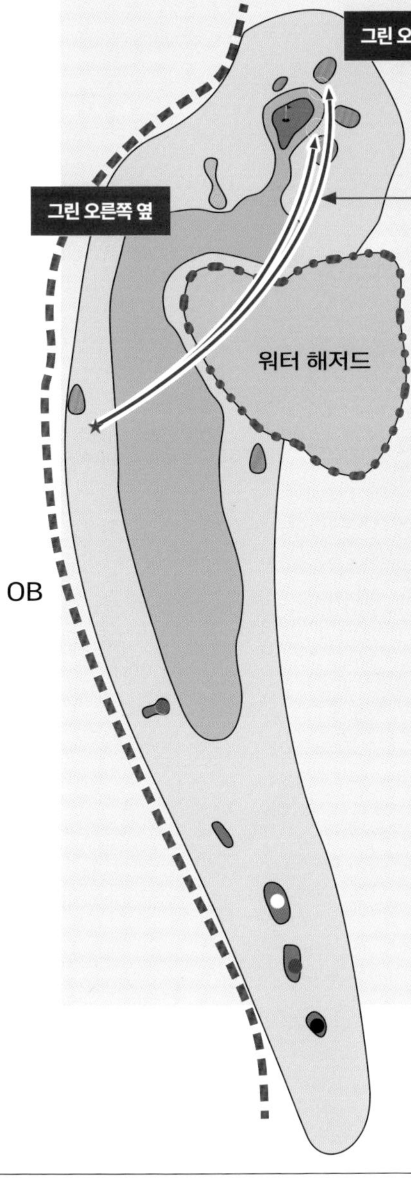

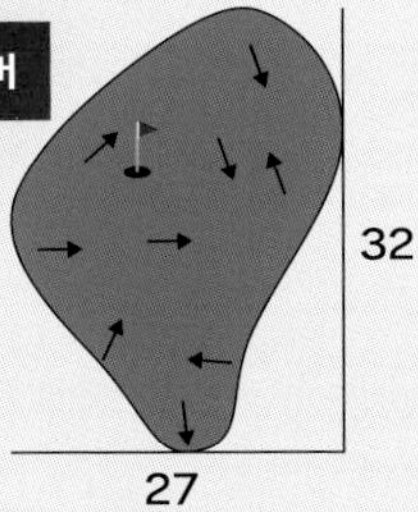

핀보다는 어프로치 하기 가장 좋은 장소를 노리는 것이 좋다.

러프인 데다 왼발 쪽에 내리막 경사가 있다. 그린에도 내리막 경사가 있다. 여기에 155미터라는 거리까지 고려하면 볼이 멈추지 않을 듯한 상황이다. 핀 위치를 고려했을 때 어프로치로 붙이기 쉬운 지점은 그린 오른쪽 옆 혹은 그린 오른쪽 너머다. 플라이어까지 고려한 클럽을 골라 다음 샷을 치기 좋은 위치로 보내는 것이 이상적인 접근법이다.

원 포인트 어드바이스

'그린을 노리고 싶은데!'라며 아쉬워할지 모르겠지만 이 상황을 자초한 것은 티 샷을 잘못 보낸 본인이다. 이런 상황에서는 확실하게 마음을 다잡을 필요가 있다.

Q18

드디어 마지막 홀! 파로 마무리하면 '라베' 달성이다. 긴장되는 이 순간, 어떻게 접근하면 좋을까?

상황

파4 홀 세컨드 지점. 벙커만은 피하고 싶었는데, 티 샷이 슬라이스가 나며 벙커에 쏙 들어가 버렸다. 핀까지 남은 거리는 90미터, 프린지까지는 80미터다. 라이는 그럭저럭 괜찮은 상황으로 바람은 없다.

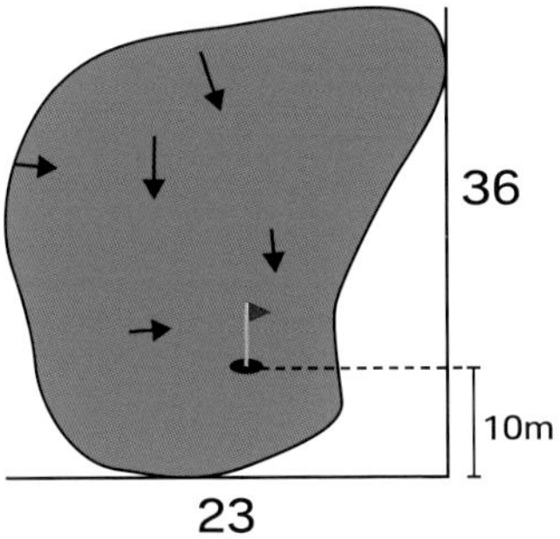

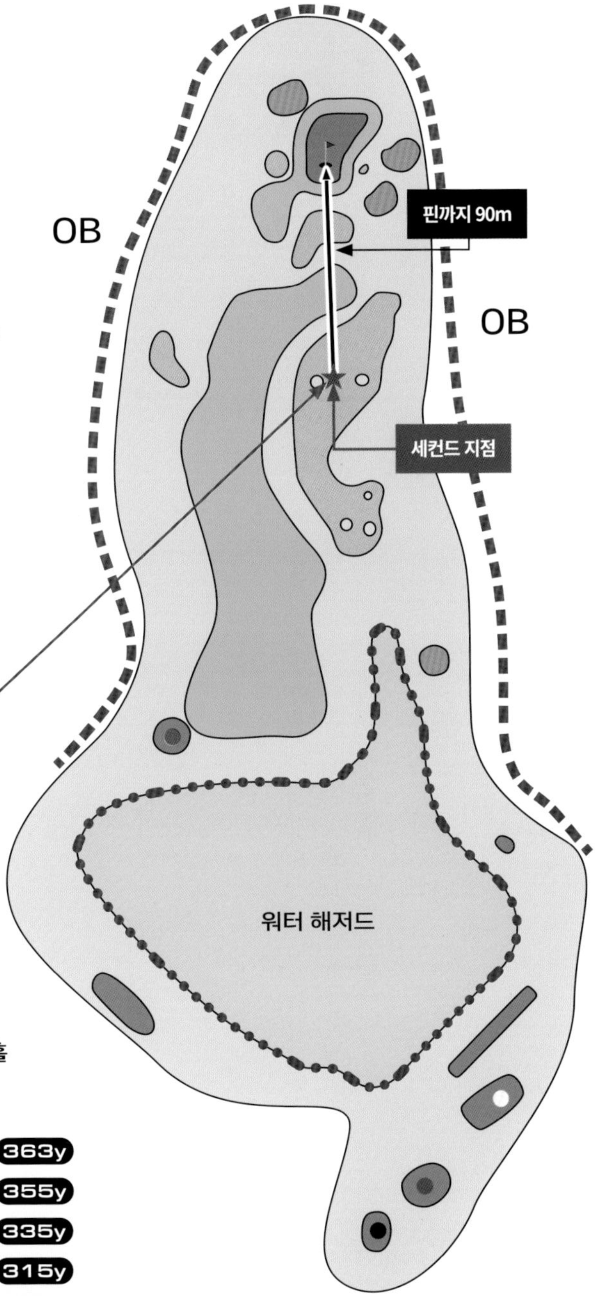

PGM 마리아 골프 링크스 18번 홀

PAR 4

● Champion	332m	363y
● Back	325m	355y
○ Regular	306m	335y
● Ladies	288m	315y

A18 초급 레벨

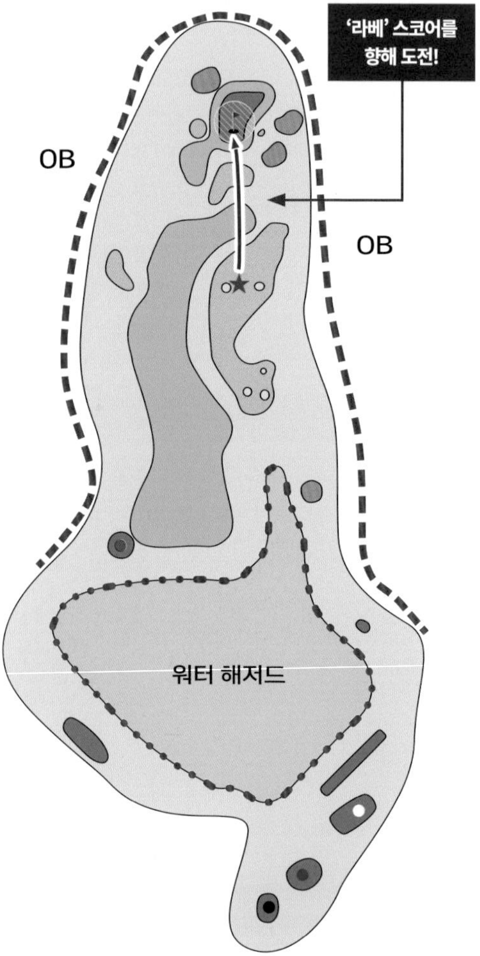

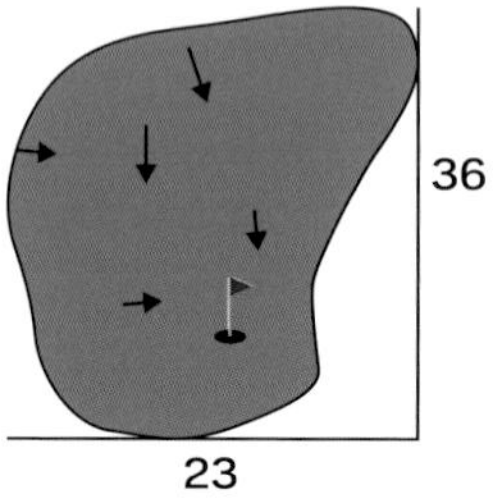

라이프 베스트 스코어를 노린다면 여기에서는 **밑져야 본전, 도전하자!**

마지막 홀이니만큼 가능성이 낮더라도 도전해야 한다. 세컨드 샷을 페어웨이로 보내 3~4번째 샷으로 승부를 보는 선택지도 있다. 그러나 초보자 입장에선 페어웨이로 레이업 한 뒤, 어프로치로 붙여서 원 퍼트로 홀 인 하는, 그야말로 모든 것이 완벽하게 이루어지는 스토리는 성공 확률이 아주 낮다. 벙커 샷으로 90미터 거리를 보내 그린에 올리는 일 역시 상당히 난이도가 높지만, 남은 체력과 정신력을 끌어모아 꼭 한번 도전해 보자.

A18 중상급 레벨

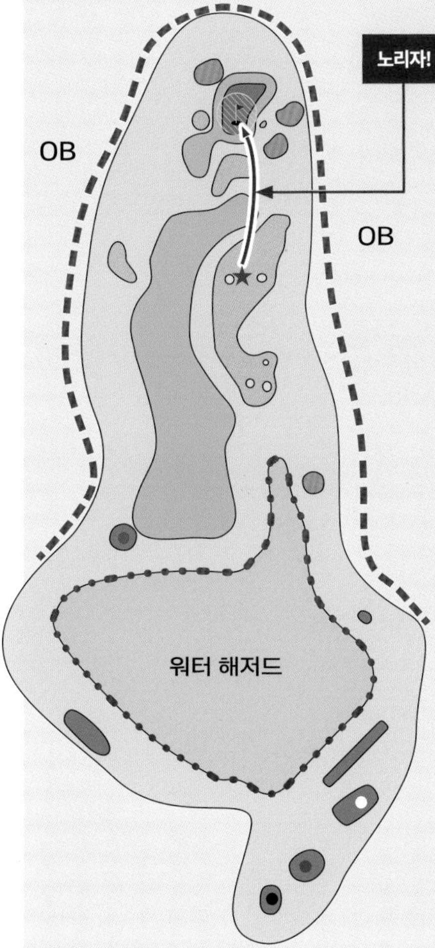

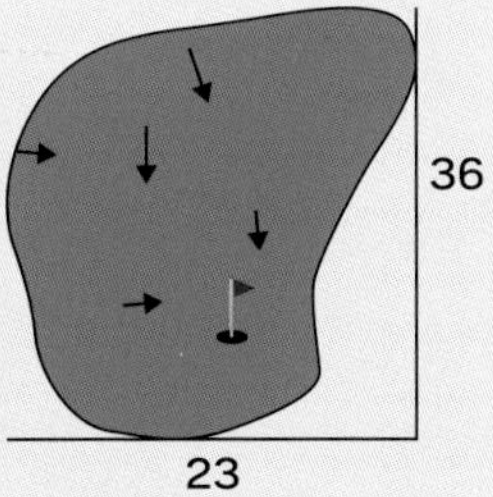

온 집중력을 다해 그린을 노리자.

'보기여도 괜찮다'라는 전략이라면 물론 이야기는 달라진다. 골프 대회 예선전과 같은 경우라면 여기에서는 무리하지 말고 페어웨이로 레이업 하는 선택이 낫다. 그러나 파를 해야만 얻을 수 있는 무언가가 있다면 여기에서는 투 온을 적극 노리자. 그린을 벗어나더라도 리커버리 할 수 있는 기술을 매일같이 연마하고 있을 중상급자라면 적극적으로 그린을 향해 도전하자.

실전 고수의 비밀 노트

때에 따라서는 하이 리스크를 감수하며 도전해야만 얻을 수 있는 것이 있다.

PART 3

꼭 알아야 할 골프 매너

골프는, 특히 라운드에 나섰을 때는 다양한 매너를 지키며 플레이해야 한다. 수많은 골퍼가 모여 같은 시설과 코스를 이용하는 만큼 규칙을 이해하고 매너에 따라 플레이해야만 모두가 기분 좋게 골프를 즐길 수 있다. 이번 파트에서는 기본 매너는 물론, 특별편으로 '접대 골프'에 필요한 포인트까지 담았다.

골프장에 도착해서

- 골프장에 방문할 때의 복장은 저마다 규정이 다르기 때문에 미리 홈페이지를 확인해야 한다. 재킷은 착용하는 편이 좋으며 반바지를 입을 때는 무릎까지 오는 양말도 함께 신는 것이 일반적이다.
- 화려한 스니커즈나 운동화를 금지하는 곳도 있다. 또 골프화(소프트 스파이크가 달린 신발)를 처음부터 신고 오지 않도록 주의해야 한다.
- 티 업 1시간 전에 체크인하도록 한다. 차가 막힐 수도 있으니 시간 여유를 두고 행동하는 것이 좋다.
- 골프백에는 이름표를 달아두어야 한다. 만에 하나 이름표가 없는 경우에는 직원에게 말하면 별도로 준비해 주기도 한다.
- 세면대 물기를 닦거나 로커를 깔끔하게 정리하는 등 다른 사람들이 편안하게 사용할 수 있도록 배려한다.

골프장 내 연습장에서

- 연습이 끝나면 사용한 공을 정리한다.
- 연습 그린에서는 다른 사람의 라인을 밟거나 가로질러 공을 치지 않도록 주의한다.
- 다른 사람에게 방해되지 않는다면 같은 타깃을 노려도 상관없다. 그린이 혼잡하면 홀컵을 노리기보다는 목표 지점을 따로 정해 연습하는 것도 좋은 방법이다.
- 티 오프 10~15분 전에는 카트 출발 장소에 도착하도록 한다.

티잉 그라운드에서

- 1번 홀에서는 서로 인사를 나누는 게 매너다.
- 순서 뽑기는 자연스럽게 정한다. 1번 홀에 준비된 순서 뽑기 도구를 사용하거나 티를 던져서 티가 가리키는 사람부터 시계 방향으로 치는 방법도 있다.
- (티 샷뿐 아니라 모든 샷에서) 동반자가 공을 칠 때는 소리 내거나 말하지 않는다. 눈에 걸리는 자리나 일직선 뒤쪽 혹은 정면에는 서지 않는다. 동반자가 어드레스까지 끝난 뒤에는 움직이지 않는 것도 기본적인 매너다.
- 동반자의 티 샷을 기다리는 위치는 티잉 그라운드 안에서도 방해가 되지 않는 구역이면서 내 차례가 왔을 때 3~5초 안에 셋업할 수 있는 곳이 가장 좋다. 게임을 빠르게 진행하는 데에도 도움이 된다.
- 동반자의 공이 어디로 가는지 주의 깊게 살펴야 한다. 잘 맞았다면 '나이스 샷', 러프에서 멈췄다면 'OK!' 정도의 말을 외쳐주는 것이 좋다.
- 주위를 살펴보다가 공이 다른 홀로 넘어갈 것 같을 때는 '볼!(본래는 '포어'가 맞지만, 국내에서는 '볼'이라는 표현을 더 흔하게 사용-역주)'이라고 다른 홀을 향해 외쳐주어야 한다. 접대 골프를 할 때도 마찬가지다.

• 경기를 빠르게 진행할 수 있도록 2번 홀부터는 준비가 완료된 사람부터 친다. 다만 '제가 먼저 치겠습니다', '준비되셨으면 먼저 치시죠'와 같은 말을 잊어서는 안 된다.

세컨드 샷 · 서드 샷 지점에서

• 카트는 가장 멀리 날아간 공 근처에 세운다. 다음 팀이 친 공에 맞기 않기 위해서는 잘 보이는 위치에 세우는 것이 좋다. 다음 팀이 경기 진행 상황을 참고할 수도 있다.
• 샷을 치는 사람이 오른손잡이일 때, 생크가 나면 오른쪽으로 공이 날아가는 만큼 오른쪽에 서지 않도록 한다. 샷을 치는 위치 앞쪽에 사람이 서 있으면 맞을까 봐 신경 쓰여 실수하기 쉬우니 되도록 뒤쪽에서 기다리는 것이 좋다.
• 연습 스윙은 2번까지다. 자신의 순서가 되기 전에 어떻게 칠지 미리 고민해두어야 한다.
• 연습 스윙을 하다가 디보트 자국을 남기지 않도록 주의해야 한다. 물론 골프장에서 주의를 기울여 섬세하게 잔디를 가꾸지만, 플레이어가 함께한다면 더욱 잘 보존할 수 있다.
• 공이 옆 홀로 넘어갔을 때는 해당 홀의 사람들이 친 다음에 플레이해야 한다. 인사도 잊지 말고 하는 것이 좋다(국내에서는 옆 홀로 공이 넘어가면 OB로 간주하는 경우도 많다. 방문하는 골프장의 룰을 살펴보는 것이 좋다–역주).

어프로치 · 퍼팅 그린에서

• 벙커 정리나 피치 마크 수리는 골프 실력과 상관없이 잊지 말아야 한다. 플레이나 스코어와 직결되는 만큼 필수다. 또 피치 마크 수리는 그린 잔디의 보호로도 이어진다. 다음 날까지 방치했다가 수리하는 것보다 바로 정리하는 편이 잔디 회복에 훨씬 좋다. 몇 시간 지난 뒤에는 이미 잔디가 상해 새로운 잔디를 심어야 한다.

벙커 정리하는 방법

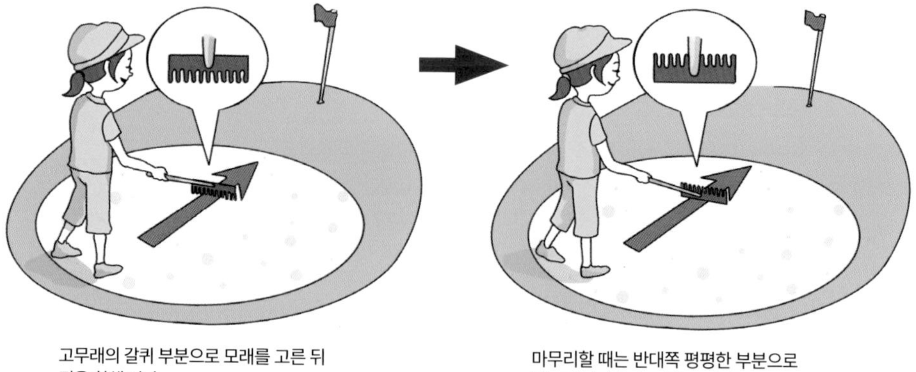

고무래의 갈퀴 부분으로 모래를 고른 뒤 핀을 향해 민다.

마무리할 때는 반대쪽 평평한 부분으로 밀듯이 정리한다. 방향은 역시 핀 쪽이다.

피치 마크 수리하는 방법

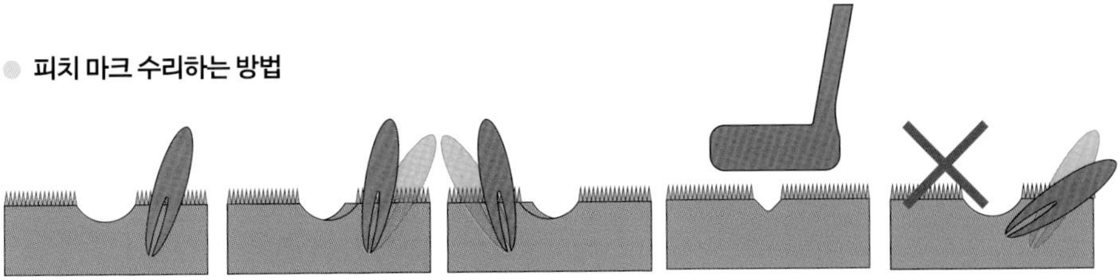

① 디보트 툴로 피치 마크 옆을 비스듬하게 찌른다.

② 툴의 끝부분을 고정한 상태에서 손으로 잡은 부분을 가운데로 민다.

③ 두세 번 같은 방법으로 흙을 모은다.

④ 퍼터로 표면을 가볍게 두드린다.

[주의] 지렛대처럼 흙을 들어 올려서는 안 된다.

- 숏 어프로치로 그린에 올라간 공이라도 피치 마크는 생기는 만큼 가볍게 퍼터로 두드려 주면 좋다. 참고로 피치 마크를 확인하면 자연스레 공이 떨어진 위치를 알 수 있는데, 그린의 단단함 정도나 착지한 지점에서 공이 어떻게 굴러갔는지를 파악할 수 있어 스코어를 내는 데 도움이 된다.
- 그린에서는 다른 사람의 라인을 밟지 않도록 주의한다.
- 동반자가 퍼팅할 때는 바로 뒤쪽이나 목표 방향 혹은 눈앞에 서지 않는다.
- 잔디를 보호하기 위해 그린 위에서는 뛰지 않아야 한다. 신발도 끌지 않도록 주의하고, 발자국이 남지 않았는지도 확인한다.
- 홀컵에 들어간 공을 주울 때는 홀컵 둘레를 밟지 않는다. 홀컵 가장자리를 밟으면 공이 구르는 데 영향을 미치는 만큼 각별한 주의가 필요하다.
- 경사 때문에 핀이 기울어져 공이 들어갈 공간이 좁아지거나 바람이 강해서 핀이 크게 흔들리는 경우에는 퍼팅 전 핀을 미리 빼두는 편이 좋다.
- 홀 아웃 할 때는 카트 근처에서 대기한다. 웨지 등의 클럽은 카트로 돌아가는 길에 주울 수 있는 곳에 두는 게 좋다. 카트는 빨리 출발시키는 것이 중요하다. 경기를 신속하게 진행할 수 있도록 스코어 카드는 카트에서 적고, 클럽은 다음 홀에서 정리하는 게 매너다.

특별편 접대 골프에서 신경 써야 할 포인트

- 카풀로 이동하는 경우에는 사람 수에 맞춰 음료를 준비해두면 좋다. 요깃거리를 준비하기도 한다.
- 먼저 도착해 프런트 앞에서 손님을 맞이하는 게 매너다. 손님이 오면 아침 식사를 할지 아니면 연습할지를 확인한다.
- 캐디에게는 손님 위주로 경기를 진행해달라고 미리 전달하는 것도 좋다.
- 손님의 캐디백은 가장자리에 실어 클럽을 꺼내기 편하게 하는 게 좋다.
- OB나 페널티 구역에 공이 떨어졌을 때는 '공은 잘 맞았는데 아쉽네요', '공이 잘 떴는데 말이에요'와 같은 인사를 건네는 것이 매너다.

conclusion
마치며

이 책에서는 스윙 기술 혹은 이론을 많이 다루지 않았습니다. 실제로 라운드에 나갔을 때는 공을 치는 기술보다도 코스 매니지먼트, 사고방식, 정보 수집이 좋은 스코어를 내는 데 더 중요하기 때문입니다.

연습장에서 치는 공과 실제 코스에 나가서 치는 공은 완전히 다르다고 할 수 있습니다. 물론 기술까지 갖추고 있다면 더할 나위 없습니다. 다만 기술이 있어도 기술의 사용법을 잘 모르면 실수하기 쉽습니다. 잘못된 방향으로 공을 치면 OB가 되고, 잘못된 클럽을 선택하면 그린에 올릴 수 없습니다. 클럽 선택, 목표 지점 설정, 실수했을 때 리커버리 방법 등 골프에 맞춘 사고방식을 갈고 닦아야만 기술을 십분 활용할 수 있습니다. 라운드에서 좋은 스코어를 내는 데는 사고방식이 70~80퍼센트를 차지합니다. 기술은 남은 20~30퍼센트 정도에만 영향을 미칠 뿐입니다.

골프를 공략하며 어떤 스코어를 낼지는 18홀이라는 스토리를 어떻게 써내려가는가에 달려있습니다. 18홀의 흐름, 분위기, 그날의 컨디션, 날씨 등 다양한 정보를 힌트로 삼아 때로는 목표를 수정하며 라운드를 해야 합니다.

이 책에 실린 위치별 사고방식과 다채로운 상황을 가정한 Q&A를 참고하면서 스코어를 줄여 나가길 바랍니다.

스가와라 다이치

골프 라운드 전에 꼭 읽어야 할 책
최소 10타 줄여주는 실전 솔루션

초판 1쇄 발행 2022년 4월 1일
초판 2쇄 발행 2023년 3월 20일

지은이 스가와라 다이치
옮긴이 신희라
펴낸이 김영조
콘텐츠기획팀 김희현
디자인팀 정지연
마케팅팀 김민수, 구예원
제작팀 김경묵
경영지원팀 정은진
펴낸곳 싸이프레스
주소 서울시 마포구 양화로7길 44, 3층
전화 (02)335-0385/0399
팩스 (02)335-0397
이메일 cypressbook1@naver.com
홈페이지 www.cypressbook.co.kr
블로그 blog.naver.com/cypressbook1
포스트 post.naver.com/cypressbook1
인스타그램 싸이프레스 @cypress_book
싸이클 @cycle_book
출판등록 2009년 11월 3일 제2010-000105호

ISBN 979-11-6032-153-1 03690